Léa Linster

MEIN LEBEN
MEINE REZEPTE

Lieblingsgerichte aus meiner Küche

INHALT

Ihr Lieben,

ich bin voller Freude, für euch hier ein wunderschönes neues Buch zu haben, ein Buch voller Rezepte, die mich dorthin gebracht haben, wo ich heute bin. Meine Lebensrezepte könnte man sagen oder auch mein Leben in Rezepten.

Denkt immer dran beim Kochen: Es gelingt am besten, wenn ihr es mit Liebe macht.

Meine Kindheit spielt eine große Rolle in diesem Buch, wie ich aufgewachsen und erwachsen geworden bin in der Restaurantküche meiner Eltern. Wie ich früh reifte für die Aufgaben einer Köchin. Schon als Kind habe ich alles probiert. Wirklich alles. Ich hatte vor nichts Scheu. Das heißt nicht, dass ich alles gern mochte, aber das konnte ich ja immer erst dann wissen, wenn ich es auch probiert hatte. Und natürlich vergisst man nie, was man als Kind besonders gern gegessen hat. Es ist also kein Zufall, dass es gleich mit einem recht einfachen Schinkenbrot meiner Mutter anfängt. Ich fand es schon als Kind so bezaubernd, dass etwas so Einfaches so unglaublich gut schmecken kann, wenn es perfekt gemacht wird oder von besonderer Qualität ist. Und das ist bis heute geblieben.

Obwohl ich so viel Zeit als Kind in der Küche verbracht habe, studierte ich nach dem Abitur erst einmal Jura. Es hört sich komisch an, aber ich wollte etwas machen, an dem ich nicht hänge, damit es mir nicht schwerfallen würde, es zu beenden, wenn ich es vorzeitig aufgeben würde. Das Studium führte mich auch nach Frankreich, aber selbst dort habe ich meistens nur für die Studenten (offiziell) und für die Professoren (heimlich) gekocht.

Meine große Entscheidung, mir einzugestehen, dass ich in die Küche gehöre, fiel in Davos. Mein Vater war krank geworden, was sich natürlich zu Hause in Luxemburg nicht gut auf den Betrieb auswirkte. Ich hatte gerade ein verlängertes Wochenende in den Bergen verbracht und kam ins Nachdenken: Wie kannst du hier sein und Ski fahren, während Vater zu Hause krank ist und Mutter so viel arbeiten muss. In dem Moment habe ich beschlossen: Skiausflug und Jurastudium werden sofort beendet. Ich bin nach Hause gefahren und habe zu meiner Mutter gesagt: Du brauchst nie wieder zu arbeiten! Da war ich Mitte 20.

Meine kühne Idee zu dem Zeitpunkt war: Ich brauche fünf Jahre, bis das Restaurant einen Michelin-Stern haben wird. Ich wusste nicht genau, was das heißt, aber ich wusste, dass man dann zu den Besten gehört. Wenn man sich selbst hohe Ziele setzt, kann man fast alles schaffen. Dass ich es aber wirklich schaffte, war zu schön, um wahr zu sein und was weitere zwei Jahre später passierte, war einfach unfassbar. Als erste und bis heute einzige Frau gewann ich den bedeutendsten Kochwettbewerb der Welt, den Bocuse d'Or! Das war das allergrößte.

Weil sich das dieser Tage zum dreißigsten Mal gejährt hat, widme ich dem Jahrhundertkoch Paul Bocuse und vielen anderen wichtigen Kritikern und Gästen in diesem Buch ein Kapitel mit besonderen Rezepten, es wird euch bestimmt gefallen.

Ich glaube, dass es als Köchin wichtig ist, sich in Kritiker und Gäste reinzuversetzen, dazu muss man vielseitig sein. Vielseitig, wie eine Schauspielerin. Was wenige wissen, ist, dass ich auch gern Schauspielerin geworden wäre, weswegen ich euch ein paar Rezepte verrate, deren Inspiration ich mir in Filmen und auch auf Reisen geholt habe. Schließlich gebe ich euch noch einen Einblick, wie ich koche, wenn ich mal nicht in der Restaurantküche stehe, sondern privat Gäste bewirte.

Man soll sich ja nicht zu viel selbst loben, aber: Eine ganz schöne Mischung, finde ich. Eine Mischung, bei der ich immer euch im Kopf hatte, meine Gäste, Freunde und Bewunderer im In- und Ausland. Bei euch möchte ich mich mit diesem Buch ganz herzlich bedanken für eure Gastfreundschaft und Freundlichkeit.

Denkt immer dran beim Kochen: Das Einfache im Guten ist auch Weltklasse. Und Kochen gelingt am besten, wenn ihr es mit Liebe macht.

Eure

Léa Linster
Avec Amour

Die Rezepte meiner Kindheit

Kleine Geschichten aus meiner Kindheit

Ich bin als drittes von vier Geschwistern (ein Junge und drei Mädchen) im schönen Frisange aufgewachsen. Frisange muss man sich als allerletztes luxemburgisches Dorf vor der französischen Grenze vorstellen. Auswärtige sahen Frisange damals sogar eher als so etwas wie eine große gefährliche Kreuzung von einer nationalen Straße und einer internationalen Route an. Tja, und auf letzterer befand sich unser Haus. Das Café und Restaurant „Emile Linster". Mit Tankstelle, Kegelbahn, Zimmern für Touristen, wundervoller Konditorei, aber auch Tabak-, Alkohol-, Schokoladen- und Batterieverkauf gehörten dazu.

Unsere Mutter Marie-Antoinette sorgte dafür, dass alles unter einen Hut passte – und das Geschäft brummte. Was zur Folge hatte, dass wir alle helfen durften, so gut wir konnten. Ich liebte anfangs besonders die Tankstelle. Man kann sagen, dass ich hier sozusagen meinen ersten internationalen Erfolg erlebte. Alle, wie sie da waren, ob aus Deutschland, Belgien, Holland oder England, mussten bei der Durchreise bei uns vorbeikommen, wenn sie in den Süden wollten, um Urlaub zu machen. Die Franzosen hingegen kamen sogar ganzjährig. Und alle hatten eines gemein: Sie kamen zum Volltanken. Als kleines Mädchen dachte ich immer, dass das Benzin bei uns besonders gut sein müsste, aber dann hat mein Vater mir erklärt, dass es am Preis läge. In Luxemburg war das Benzin am allergünstigsten. Aber ich wollte allen zeigen, dass es bei uns nicht nur günstig, sondern auch besonders gut sei. So gab es von mir die Wäsche der Windschutzscheibe gratis dazu. Was heißt gratis, es sprang ein feines Trinkgeld für mich dabei raus. Das alles führte dazu, dass ich mit zehn nicht nur vier Sprachen sprach, sondern auch behaupten konnte, mein erstes Geld im Öl-Business gemacht zu haben. Zu meinen Beobachtungen gehörte, dass besonders die Holländer versuchten, die vielen Staus zu vermeiden. Sie steuerten uns mitten in der Nacht an. Mit leerem Tank und leerem Bauch. Für sie fing ich an zu kochen. Es war auch kein großes Risiko, denn mitten in der Nacht noch etwas zu essen zu bekommen, machte sie dankbar, dass es überhaupt etwas gab. Am Anfang

DREI ZUTATEN, DIE MICH AN MEINE KINDHEIT ERINNERN

1. **Die gute Butter** – Meine große Liebe seit jeher. Sie schmeckt sooo gut, hat perfekte Textur, und zarteste Farbe. Aber ihr größter Verdienst: Sie lässt andere Zutaten noch besser schmecken. Wer die luxemburgische „La Rose" kennt, braucht keine andere.
2. **Schokolade** – „Früher war mehr Lametta" heißt es so schön, bei mir heißt es „früher waren besonders die belgischen Schokoladen von ‚Côte d'or' fantastisch". Ich liebe heute noch vollmundige edle Schokolade, die meinen Gaumen verführen und mein Gemüt erhellen kann.
3. **„Avec Amour"** – Das heißt „mit Liebe" und mit ihr zusammen gelingt mir einfach alles.

Unser Haus steht seit 1898 für beste Gastronomie

Ihre Mehlklöße waren die besten: meine Mutter Marie-Antoinette

Du musst immer hübsch und adrett sein, darfst aber nicht besser aussehen als die Gäste. Die Gäste stehen im Mittelpunkt.

Emile Linster, Vater

servierte ich Tütensuppe, die ich mit Eigelb, Sahne, Pfeffer und frisch geschnittener Petersilie, mit getoastetem Brot und meiner geliebten luxemburgischen Butter verfeinerte. Hier ist es lecker, sagten die Holländer und ich freute mich über ihre Komplimente. So gelang mir neben dem Tankgeschäft mein Debüt in der Küche. Ich liebte es.

Bei uns hat das Essen so gut geschmeckt, dass ich wusste, dass gutes Essen die Quelle des großen Glücks ist.

Mit meinen anfänglichen Kochversuchen aus Tütensuppen war meine Leidenschaft geboren. Von nun an interessierte mich nichts so sehr wie Essen und Kochen. Besonders, wenn es ums Kochen für Gäste ging. Und man darf nicht vergessen, dass ich familiär ja vorbelastet war: Meine Großeltern, Eltern, aber auch mein gesamtes restliches Umfeld hatte irgendetwas mit Bewirtung zu tun. Und ich? Nun ja, die Schule lief so nebenher, sie war ja auch eine Pflicht, trotzdem war sie kein Stress für mich. Ich ging gern hin, schon allein der anderen Kinder wegen. Und auch wegen meines Lehrers, der hatte nämlich eine großartige Schrift und die guckte ich mir heimlich ab. Damals hieß es, dass Mädchen mit schöner Handschrift bessere Karten hätten und da wollte ich unbedingt mitmischen.

Am Geruch erkannt

Unsere Schule hatte nur sieben Klassen, sie befand sich direkt neben dem Dorfbäcker und ich konnte am Geruch erkennen, wie viel Uhr es war und wann endlich Pause sein würde. Gegen 9:00 Uhr roch es nach frischem Brot mit seinen herzhaften Röstaromen. Ab 10:30 Uhr dann süßlich nach frischem Gebäck, Torten und Kuchen. Der Tag war für mich in Gerüche eingeteilt bis zur Mittagsglocke – und dann ab nach Hause. Und wenn eines gewiss war, dann, dass es dort auch wunderbar riechen würde, denn zu Hause gab es mit Sicherheit immer etwas Leckeres zu essen.

Bevor ich in Frisange zur Schule gegangen bin, verbrachte ich viel Zeit bei meinen Großeltern in Mersch. Mersch war ein stolzes Städtchen mit einer richtigen Geschäftsstraße und noch wichtiger, einem richtigen Schloss. Es war der Geburtsort meiner Mutter. Opa und Oma waren recht stressresistent und wenn es meiner Mutter zu viel wurde, schickte sie mich zu ihnen. Ich fand das klasse, denn dort durfte ich so ziemlich alles machen, was ich wollte. Und am besten: Bevor ich es überhaupt richtig konnte. Opa Antoine hatte eine höllische Geduld und brauchte eigentlich auch irgendwie einen kleinen Gesellen. Er war der beste Bäcker der Gegend und doch backte er immer nur eine einzige Sorte Brot. Nun ja, der Erfolg gab ihm recht. Dieses eine Brot war das allerbeste der Gegend und so wollten alle immer nur seins haben. Selbst im Schloss aßen sie es. Das war für ein kleines Mädchen wie mich natürlich etwas, das mich stolz machte. Es war ein recht festes Brot mit unbeschreiblich knuspriger Kruste, die, wenn sie abkühlte, immer geheimnisvoll knisterte. Neben dem begnadeten Brotbäcker war er aber auch Konditor. Er hatte Anfang des Jahrhunderts in Paris sein Handwerk gelernt. Seine Biskuit-Buttercremetorten waren einzigartig. Darüber hinaus war mein Favorit aber die mehrstöckige Hochzeitstorte. Oma machte die zarten rosa Marzipanrosen in aufwendiger Handarbeit dazu, die das Ganze fantastisch dekorierten. Aber Opa backte auch täglich für die Laufkundschaft: Streuselschnecken, Croissants und herrliche Apfeltaschen, ein Traum. Bei ihnen lernte ich schon spielend als kleines Mädchen Streusel zu kneten und das Gebäck, solange es noch warm war, mit Zuckerguss zu bestreichen. Opa drückte mir einfach einen Pinsel und eine leere Dose in die Hand und schüttete in die Dose den Zuckerguss hinein mit dem Hinweis, ich solle ihn nicht zu dick und nicht zu dünn auftragen. Ich hatte das recht schnell drauf und war ziemlich stolz auf meine Arbeit. Und er ließ mich damit auch prahlen. Ich liebte diese Tage bei Oma und Opa.

Von Oma Marie bekam ich die Disziplin mitgegeben. Sie war streng. Sehr streng sogar. Mit mir und mit Opa. Und sie hatte den allerhöchsten Anspruch auf beste Qualität und auf gutes Benehmen. Besonders letzteres machte mir manchmal schwer zu schaffen. Aber egal, sie war der Boss, sie hatte das Sagen. Die Epicerie mit Boulangerie und Patisserie war ihr Reich und in ihrem Reich duftete es immer himmlisch für mich. Nach frisch gemahlenem Kaffee und frisch geriebenem Käse. Es roch nach geröstetem Brot und nach buttrig-süßem Plundergebäck. Herrlich, aber auch sehr komplex, denn es gab ja noch Kernseife und Lederriemen und ich hatte die Fähigkeit, alle verschiedenen Impressionen mit meiner Nase zu erschnüffeln. Das habe ich aber für mich behalten. Oma hätte eh nur mahnend gesagt: Nun mach aber mal halblang, mein Kind.

Stille Freude

Sobald ich gehen konnte, wollte ich mit anpacken und überall bei den Erwachsenen dabei sein. Glücklicherweise hatte ich viele Freiheiten und konnte meine übermäßige Neugierde ausleben. Ich habe einfach alles, was mir in unserem Lokal geboten wurde, von klein auf genossen. Meine Liebe zu gutem Essen und besonderen Menschen war schon immer riesig. Fast täglich gönnte ich mir so um 11 Uhr in etwa ein Stück von einem Côte-d'or-Lait-Schokoriegel. Ich drückte mir dieses kleine Stück feinste Schokolade ganz fest oben an den Gaumen und konnte mich so, ohne dass meine Mutter es sehen konnte, heimlich still und leise minutenlang an dem Genuss erfreuen. Das war eine frühe Art von Meditation, denn in diesen Minuten der stillen Freude ließ ich nichts anderes an meine Seele ran.

Ich bin in die Kulinarik reingeboren worden – obwohl ich nicht in der Küche zur Welt gekommen bin.

Die Schinkenbrote meiner Mutter

Als kleines Mädchen durfte ich den Gästen meiner Eltern hin und wieder das Essen servieren. Das tat ich sehr gerne, hatte jedoch immer auch etwas Angst, dass dabei etwas schiefgehen könnte. Damit die leckeren Schinkenbrote während des Transports von der Küche nicht von den Holzbrettern rutschten, hielt ich sie mit meinen kleinen Händen so lange fest, wie ich noch nicht in Sichtweite der Gäste war. Sobald ich den Gastraum betrat, balancierte ich sie formvollendet zu den Gästen.

FÜR 4 PERSONEN

- ½ Laib Sauerteigbrot (mit kräftigen Röstaromen)
- 50 g gute Butter
- 100 g dünn geschnittener Schinken von sehr guter Qualität
- 8 kleine Essiggurken

1. Von dem duftenden Brot, das richtig fermentiert und in einem Mal ganz durchgebacken worden sein sollte, schneide ich je nach Größe des Laibs 4 oder 8 schöne, 3 bis 4 mm dicke Scheiben ab. Die Scheiben bestreiche ich mit viel Hingabe ruhig etwas dicker mit meiner Lieblingsbutter, unserer Luxemburger Nationalbutter „Beurre Rose" – diese Butter ist für uns Luxemburger eine Herzensangelegenheit und ihr Rezept wird gut gehütet seit Jahrhunderten von Generation zu Generation weitergegeben.

2. Die dünn geschnittenen Schinkenscheiben verteile ich locker und gleichmäßig auf den Brotscheiben und richte diese auf hübschen Holzbrettern an. Die abgetropften Gürkchen kommen separat dazu, bei mir dürfen sie nicht mit auf den Schinken, da der Geschmack guten Schinkens auf keinen Fall verfälscht werden sollte. Aber über die Garnitur darf natürlich letztendlich jeder selbst entscheiden.

♥ *Die Spanier haben ihren Serrano- und Iberico-Schinken, die Italiener den Parmaschinken und die Deutschen den Schwarzwälder Schinken. Meine Mutter wählte meist den westfälischen oder Ardenner Schinken, als diese noch nach allen Regeln der Kunst zubereitet wurden. Man braucht einen guten Schinken, am besten am Knochen. Das ist natürlich meistens zu viel, aber man kann Schinken, der nach bewährter Art am Knochen getrocknet ist, auch am Stück kaufen und ihn selbst mit der Aufschnittmaschine schneiden.*

Um mich erstklassiger Qualität zu versichern, würde ich heute ein Feinkostgeschäft ansteuern und zunächst kosten, bevor ich meine gewünschte Menge Schinken fein aufschneiden lasse.

Ob gekocht, luftgetrocknet oder mild geräuchert: Der Geschmack entscheidet. Einmal ausgewählt, lebt der Schinken natürlich auch von seinen Begleitern: guter Butter und gutem Brot, das richtig fermentiert und mit einer schönen Kruste ausgebacken sein soll. So wie es ein echter Bäcker köstlich und bekömmlich zubereitet.

Mausohrsalat mit Sellerie und Jakobsmuscheln

„Wenn dieser Salat nicht in zwei Minuten aufgegessen ist, fliegt er schnurstracks mitsamt der Platte durch dieses Fenster, und ich habe das letzte Mal für euch gekocht!“ Meine Mutter hat diesen Satz nur ein einziges Mal gesagt! Später habe ich öfter daran denken müssen. Köchin oder Koch gehört verehrt und gelobt, damit sie oder er weiterkochen kann.

FÜR 4 PERSONEN

200 g Knollensellerie
Meersalz
200 g Mausohr (Feldsalat)
1 TL scharfer Senf
4 EL guter Essig
10 EL feinstes Olivenöl
1 Schalotte
Salz
frisch gemahlene schwarze und rosa Pfefferkörner
8 Jakobsmuscheln (ausgelöst; ohne Corail)
Saft von ½ Zitrone
Dillspitzen und Korianderblättchen zum Garnieren

1. Den Sellerie schneide ich als Achtel aus der Knolle, schäle und wasche ihn und gare ihn im Ganzen etwa 15 Minuten im Dampf mit etwas Salz.

2. Inzwischen kümmere ich mich um den Feldsalat. Wenn er in schönen kleinen Röschen kommt, zupfe ich nur unten an der Wurzel die kleinen gelben Blätter ab und schneide die Wurzel so ab, dass die Blätter noch zusammenhalten. Dann wasche ich sie sorgsam, damit kein Sand dranbleibt, und trockne sie in der Salatschleuder. Die Vinaigrette bereite ich klassisch mit Senf, Essig, 5 EL Öl, der geschälten und ganz fein geschnittenen Schalotte sowie Salz und Pfeffer zu.

3. Wenn der Sellerie gar, aber noch etwas knackig ist, lasse ich ihn etwas abkühlen und schneide ihn anschließend in gleichmäßige Dreiecke. Die Jakobsmuscheln, die ganz frisch und sauber sein müssen, werden getrocknet und in jeweils 4 bis 5 Scheiben geschnitten. Die Scheiben lege ich auf einen flachen Teller und bestreiche sie mit etwas Olivenöl und pfeffre sie. Vor dem Servieren kommt noch etwas Zitronensaft darüber.

4. Zum Servieren werden Mausohr und Sellerie mit der Vinaigrette vermischt, dann schön appetitlich und dekorativ auf die Teller verteilt. Die feinen Jakobsmuscheln lege ich darüber, zum Abschluss garniere ich den Salat mit Dillspitzen und Korianderblättchen.

♥ *Als Alternative zu den Jakobsmuschel-Scheibchen kann man kross gebratene Hähnchenstücke, Entenbrust- oder Schinkenscheibchen nehmen. Alles ist frei, nur Mausohr und Sellerie sind unverhandelbare Musts.*

Luxemburgische Bouneschlupp

Ich kenne kein Kind, das eine Suppe mit Stücken, ganz zu schweigen von gesundem Gemüse, wirklich gerne mag. Mir und meinen Geschwistern ging es mit dieser Bohnensuppe ganz ähnlich. Als zusätzlichen Anreiz zum Aufessen behalf sich meine Mutter gerne des folgenden Tricks: Wenn der Teller vollständig leer gegessen war, durften wir ihn umdrehen und bekamen auf der Unterseite eine der leckeren Crêpes von Seite 40 zum Dessert serviert.

FÜR 6 PERSONEN

- 1 kg grüne Bohnen (frisch oder tiefgekühlt)
- 1 Stange Lauch
- 150 g Knollensellerie
- 3 festkochende Kartoffeln
- 2 Zwiebeln
- Salz
- 50 g Butter
- 2 EL Mehl
- frisch gemahlener Pfeffer
- 4 EL fein gehackte glatte Petersilie
- 150 g saure Sahne

1. Zunächst putze ich die Bohnen mit Liebe, entferne die Stielansätze, entfädle sie nach Bedarf, wasche sie und schneide sie in 1 cm lange Stücke. Habe ich nur tiefgekühlte Bohnen, lasse ich sie auftauen und schneide sie ebenfalls in Stücke. Der Lauch wird gewaschen und nur der weiße bis hellgrüne Teil ohne Wurzelansatz in feine Ringe geschnitten. Sellerie, Kartoffeln und Zwiebeln schäle ich und würfle sie sehr fein.

2. Ich fülle einen Topf mit 2 l Wasser und koche es auf. Nun füge ich das vorbereitete Gemüse zunächst ohne die Kartoffelwürfel, aber mit 1 TL Salz dazu und koche es etwa 15 Minuten bei mittlerer Hitze. Erst jetzt kommen die Kartoffeln dazu, damit sie später nicht zerfallen.

3. Nach weiteren 10 Minuten Garzeit gieße ich das Gemüse durch ein Sieb ab, dabei fange ich das Kochwasser auf. Die Butter wird in einem zweiten Topf zerlassen und das Mehl darin bei mittlerer Hitze angeschwitzt. Nun rühre ich nach und nach das Gemüsewasser unter, bis eine sämige Sauce entstanden ist. Diese Sauce streiche ich durch ein feines Sieb wieder zum Gemüse. Nun muss alles noch einmal 5 bis 10 Minuten köcheln, dann schmecke ich die Bohnen mit Pfeffer und Salz ab.

4. Zum Servieren verteile ich die Suppe auf tiefe Teller, bestreue sie mit Petersilie und gebe 1 Klecks saure Sahne auf jede Portion.

♥ *Die saure Sahne ersetze ich manchmal auch gern durch Schlagsahne, die ich mit etwas Essig verrühre.*

Bei den meisten Bohnensorten, die man heute im Handel findet, wurde der „Faden" weggezüchtet, sodass das Entfadeln entfällt. Bei alten Sorten, die oft aromatischer schmecken als die neueren, ist er oft noch vorhanden.

Für die Mehlschwitze verwende ich gern das Kochwasser vom Gemüse. Mehr Aroma geht kaum! Und als Faustformel für eine Mehlschwitze benutzt man einfach Butter und Mehl zu gleichen Teilen.

Reiseintopf der Feuerwehr

Während meiner Kindheit brannte eines Abends in unserem schönen Frisange ein großer Bauernhof lichterloh. Die Feuerwehrleute und Dutzende freiwillige Helfer hatten über viele Stunden die ganze Nacht hindurch alle Hände voll zu tun. Damit alle wach und bei Kräften blieben, bereitete meine Mutter spontan für alle diese Suppe zu und verteilte sie direkt vor Ort.

FÜR 4 PERSONEN

FÜR DEN REISEINTOPF:

- 1 Möhre
- 1 große Zwiebel
- 2 Knoblauchzehen
- 200 g Lauch
- 1 EL Butter
- 200 g Langkornreis
- 400 g geschälte Tomaten (aus der Dose)
- 1 EL Tomatenmark
- 1 Lorbeerblatt
- 1,5 l kräftige Rinderbrühe samt Fleischwürfeln (siehe unten)
- Salz
- frisch gemahlener Pfeffer
- 5 EL saure Sahne
- 1–2 EL gehackte glatte Petersilie

FÜR DIE RINDERBRÜHE (1,5L):

- 1 kg Suppenfleisch vom Rind (z. B. Querrippe, Hochrippe, Brust)
- Meersalz
- 2 Möhren (ca. 125 g)
- ⅛ Knollensellerie (ca. 100 g)
- 1 Zwiebel
- 5 Gewürznelken
- 1 Bouquet garni (Petersilie, Thymian, Liebstockel, Lorbeer)
- 2 Knoblauchzehen
- 10 schwarze Pfefferkörner
- 1 Sternanis

1. Möhre, Zwiebel und Knoblauch schäle ich, bevor ich sie alle in kleine Würfel schneide. Der Lauch wird geputzt und gewaschen, dann schneide ich den weißen und hellgrünen Teil in Ringe.
2. Die Butter erhitze ich in einem großen Topf und schwitze die Zwiebelwürfel darin bei mittlerer Hitze an. Jetzt füge ich Möhre, Knoblauch und Reis hinzu und schwitze sie ebenfalls mit an. Dem Reis folgen Tomaten, Tomatenmark, Lorbeerblatt und Brühe. Alles wird aufgekocht und etwa 20 Minuten gegart.
3. Kurz bevor der Reis gar ist, füge ich den Lauch hinzu und lasse ihn 1 Minute mitköcheln. Dann ziehe ich den Topf vom Herd, denn der Reis gart noch etwas nach. Die Fleischwürfel erwärme ich im ruhenden Eintopf und schmecke ihn noch einmal mit Salz und Pfeffer ab.
4. Zum Servieren kommt die Suppe in Schalen oder tiefe Teller und wird jeweils mit 1 kleinen Klecks saurer Sahne und etwas Petersilie garniert.

Rinderbrühe

1. Das Suppenfleisch spüle ich unter kaltem Wasser ab und bringe es in einem großen Topf mit 2 l kaltem Wasser und 1 Handvoll Meersalz zum Kochen – der weiße Schaum, der sich dabei auf der Oberfläche bildet, wird mit einer Kelle abgeschöpft.
2. Möhren und Sellerie werden inzwischen gewaschen und geschält, die Zwiebel nur oben und unten abgeschnitten. Die Gewürznelken drücke ich in die ungeschälte Zwiebel – die Schale gibt der Brühe Farbe. Die Kräuter für das Bouquet garni wasche ich und binde sie mit Küchengarn zusammen. Von der Petersilie zupfe ich die Blätter ab und lege sie zum Garnieren beiseite, die Stiele geben der Brühe genug Geschmack.
3. Wenn die Brühe kocht, gebe ich das vorbereitete Gemüse mit Zwiebel, Knoblauch, Bouquet garni, Pfeffer und Sternanis dazu und lasse die Brühe etwa 2½ Stunden köcheln.
4. Wenn das Fleisch gar ist (es darf nicht zerfallen!), befreie ich es von Knochen, Fett und Sehnen und schneide es in kleine Würfel. Die Brühe wird durch ein Haarsieb gegossen und etwas stehen gelassen, damit sich das Fett auf der Oberfläche absetzt. Nun schöpfe ich das Fett ab, und die Brühe ist mit dem Fleisch fertig zum weiteren Gebrauch.

Pochierter Steinbutt mit Spinat

Steinbutt ist einer der teuersten und wertvollsten Fische und wirklich exquisite, schwere Exemplare um die fünf Kilogramm mit schönem, dickem Fleisch sind nur schwer zu bekommen. Dennoch war es für mich seit jeher einfacher, einen solchen Fisch zu bekommen als einen guten Koch, der bereit gewesen wäre, unter meiner Fuchtel zu arbeiten. Ich machte aus der Not eine Tugend, zum edlen Fisch ein einfaches Gemüse und eine kleine gute Sauce, so konnte ich mir den Koch sparen.

FÜR 4 PERSONEN

FÜR DEN FISCH:

4 Portionsstücke Steinbutt (à 300 g, mit Knochen und Haut; vom Fischhändler zugeschnitten)
1 l Vollmilch
Salz
1 Zitrone in Scheiben
½ Zwiebel
5 Stiele Petersilie

FÜR DEN SPINAT:

500 g Blattspinat
1 Schalotte
1 EL Butter
1 Spritzer Zitronensaft
Salz
frisch gemahlener Pfeffer
frisch geriebene Muskatnuss

FÜR DIE SAUCE HOLLANDAISE:

200 g Butter
3 sehr frische Eigelb
50 ml Crémant
Salz
1 Spritzer Zitronensaft
Piment d'Espelette (ersatzweise frisch und fein gemahlener weißer Pfeffer)

1. Die Steinbuttstücke gare ich schön langsam am Knochen und mit der Haut. Dazu koche ich in einem großen Topf aus 1 l Wasser, Milch, Salz nach Geschmack, Zitronenscheiben, der geschälten Zwiebel und den gewaschenen Petersilienstielen einen Sud. Bevor ich den Fisch darin gare, lasse ich ihn nach dem Aufkochen 10 Minuten köcheln.

2. In dieser Zeit verlese und wasche ich den Spinat, harte Stiele werden entfernt, die Blätter grob geschnitten. Die Schalotte schäle ich und schneide sie mit Liebe in feine Würfelchen. Die abgetupften Steinbuttstücke lege ich nebeneinander in den Sud und gare sie bei niedriger Hitze. Der Fisch ist perfekt, wenn er fest ist und sich vom Knochen lösen lässt.

3. Währenddessen erhitze ich für den Spinat die Butter in einer tiefen Pfanne und schwitze die Schalottenwürfel darin bei mittlerer Hitze glasig an. Den Spinat gebe ich tropfnass dazu, lege den Deckel auf und lasse die Blätter nur kurz zusammenfallen. Wenn das geschehen ist, schmecke ich ihn mit Zitronensaft, Salz, Pfeffer und Muskatnuss fein ab.

4. Zum Servieren bette ich den Steinbutt auf jedem Teller auf 1 Portion Spinat und gieße etwas von meiner köstlichen Sauce hollandaise an.

Sauce hollandaise

1. Die Butter bringe ich in einem kleinen Topf zum Schmelzen. In einer Kasserolle mit abgerundetem Boden verquirle ich die Eigelbe und den Crémant mit dem Schneebesen. Diese Mischung schlage ich bei niedriger Hitze oder über dem Wasserbad (80 bis 90 °C) schaumig und bringe sie gleichzeitig auf Temperatur.

2. Wenn der Schaum schön dicht wird und ich bei jedem Schlag den Boden der Kasserolle sehen kann, reduziere ich die Hitze und rühre die geschmolzene Butter in einem dünnen Strahl unter – wie bei einer Mayonnaise. Zum Schluss etwas Salz, Zitronensaft und Piment d'Espelette unterziehen.

♥ *Wenn meine Sauce hollandaise nicht ganz glatt geworden ist, passiere ich sie durch ein Sieb. Sie muss nicht heiß sein – also lieber lauwarm servieren, sonst riskiert man, dass sie gerinnt oder übergart.*

Muscheln in Rieslingsauce

Das erste Mal, als es Muscheln (moules, also Miesmuscheln) in Frisange gab, war das ein echtes Abenteuer. Der Trick bestand darin, den Gästen nicht zu viel Sud oder Sauce zu servieren, denn mit dem übrig gebliebenen Sud macht man die allerbesten Saucen zum Fisch. Wie das geht, verrate ich im Tipp.

FÜR 3–4 PERSONEN

- 2 kg Miesmuscheln
- 1 Möhre
- 1 Stange Sellerie (ca. 150 g)
- 1 Schalotte
- 1 Stange Lauch (¼ des weißen Teils)
- 1 EL Butter
- ca. 200 ml Geflügelfond (siehe S. 63)
- 750 ml Riesling (oder anderer trockener Weißwein)
- frisch gemahlener Pfeffer
- 3 EL fein gehackte glatte Petersilie

1. Die Miesmuscheln werden abgekratzt, der Bart entfernt, erst danach wasche ich sie. Möhre, Sellerie und Schalotte schäle ich, dann putze und wasche ich den Lauch, bevor ich das gesamte Gemüse ganz klein schneide.
2. Das Gemüse wird in einem großen Topf in der Butter bei mittlerer Hitze gut angeschwitzt, bevor ich es mit 200 ml Geflügelfond oder Wasser ablösche und alles ein paar Minuten köcheln lasse. Ich gieße den Riesling dazu und lasse es noch einmal aufkochen.
3. Ich gebe alle Muscheln hinein und rühre einmal um. Dann lege ich den Deckel auf, warte 3 Minuten und fasse mit einem Küchentuch über den Deckel hinweg beide Henkel fest an. So kann ich den Topf nach vorn schwingen, ganz professionell. Den Schwung wiederhole ich noch 2- bis 3-mal, damit die Muscheln gleichmäßig gar werden. Nach etwa 10 Minuten, sobald sie sich öffnen, sind sie fertig. Gut pfeffern.
4. Zum Servieren verteile ich die Muscheln auf Schalen oder tiefe Teller und bestreue sie mit Petersilie.

♥ *Für die beste Sauce zu Fisch binde ich den durch ein feines Sieb gegebenen Muschelsud leicht mit Mehlbutter, gebe ein paar Safranfäden und 1 Becher Sahne dazu. So bekommt man eine exzellente, hellgelbe sahnige Sauce. Als Garnitur kann man eine sehr klein gewürfelte Möhre hinzugeben und Schnittlauch oder auch noch rote Paprika- und Tomatenwürfel, natürlich enthäutet. Ich mixe die Sauce immer mit Piment d'Espelette und einem Spritzer Zitrone. Salz nur wenn nötig, da der Sud bereits salzig ist.*

Das Grundrezept für die Sauce habe ich aus meinem Lieblingsroman „Es muss nicht immer Kaviar sein" von Johannes Mario Simmel – damals war ich 13!

Luxemburger Mehlkniddelen mit Specksauce und Croûtons

Die beste Medizin gegen Traurigkeit waren für mich schon als Kind meine geliebten Mehlkniddelen. Zu den Mehlklößen brauchte ich nicht mehr als kalte Butter und einen Spritzer Maggi – noch vor dem ersten Bissen war vergessen, was mich zuvor so traurig gemacht hatte. Meine Mutter hat mir nie verraten, wie viel Mehl, Eier, Salz und Milch sie verwendet hat. Und während ich an der perfekten Konsistenz feilte, wuchs der Knödelberg vor mir immer höher. Das brachte mir bei meinem Bruder den Spitznamen „Kniddelkett", Knödel-Gretl, ein, doch das war mir ziemlich egal.

FÜR 4 PERSONEN

FÜR DIE KNIDDELEN:

- 3 Scheiben Toastbrot
- 150 ml Vollmilch
- 30 g Butter
- 500 g Mehl
- 5–6 Eier
- feines Meersalz
- 1–2 EL Schnittlauchröllchen zum Garnieren

FÜR DIE CROÛTONS:

- 2 Scheiben Toastbrot
- 30 g geklärte Butter

FÜR DIE SAUCE:

- 6–7 Scheiben durchwachsener Räucherspeck (ca. 100 g)
- 120 g Sahne
- feines Meersalz

1. Für die Kniddelen entrinde ich das Toastbrot, schneide es in kleine Würfel und gebe die Würfel in eine Schüssel, bevor ich sie mit der Milch übergieße und darin einweiche. Währenddessen zerlasse ich die Butter in einem kleinen Töpfchen, ziehe das Töpfchen vom Herd und lasse die Butter abkühlen. Das Mehl wird in eine Schüssel gesiebt, dann kommen 5 Eier, 1 gute Prise Salz und das eingeweichte Brot mitsamt der Milch dazu.

2. Ich verrühre alles mit einem Holzlöffel oder Teigschaber zu einem glatten, halb festen Teig. Bei Bedarf füge ich noch 1 Ei hinzu, bevor ich die flüssige Butter untermische. Nun wird der Teig abgedeckt und muss 30 Minuten ruhen.

3. In dieser Zeit heize ich für die Croûtons den Backofen auf 150 °C Ober-/Unterhitze vor (130 °C Umluft, Gas Stufe 1). Das Toastbrot wird entrindet, die Scheiben werden mit einem scharfen Messer erst waagerecht halbiert, dann in möglichst feine Würfel geschnitten (siehe Tipp). Die Brotwürfel wende ich in einer Pfanne in der geklärten Butter bei mittlerer Hitze, verteile sie dann auf einem mit Backpapier belegten Backblech und backe sie im heißen Ofen 15 Minuten goldbraun. Anschließend lasse ich sie auf Küchenpapier abtropfen.

4. Für die Sauce schneide ich den Speck in dünne Streifen und brate die Streifen in einer heißen Pfanne ohne Fett bei mittlerer Hitze schön langsam goldbraun und knusprig. Das ausgetretene Fett gieße ich ab, dann lösche ich den Speck mit Sahne ab. Die Sauce muss jetzt noch einmal aufkochen, dann kommt nach Geschmack noch Salz dazu.

5. In einem großen Topf reichlich Wasser zum Kochen bringen und salzen. Aus dem Teig steche ich mit einem Esslöffel kleine Nocken aus und gare sie 3 bis 4 Minuten im siedenden Salzwasser – nur so lange, bis sie oben schwimmen. Die Mehlklöße mit einem Schaumlöffel herausheben und abtropfen lassen.

6. Zum Servieren verteile ich die heißen Kniddelen auf Teller, übergieße sie mit Specksauce, bestreue sie großzügig mit Croûtons und garniere sie mit Schnittlauch.

Die Toastbrotscheiben vorher leicht anfrieren, dann lassen sie sich leichter schneiden.

Mamas beste Frikadellen

Wenn meine Mutter Marie-Antoinette ihre legendären Frikadellen formte, taten ihre Hände dies stets mit ganz viel Liebe. Noch heute sehe ich vor mir, wie sie genau die richtige Menge Fleischmasse in der einen Hand hielt und sie sehr geschickt mit der anderen rundherum in Form klopfte, wobei diese kleinen, unverkennbaren Klatschgeräusche entstanden, die ich nie vergessen werde.

FÜR 4 PERSONEN

- 2 kleine Zwiebeln
- 4 Stiele glatte Petersilie
- 2 Stiele Majoran
- 300 g Schweinehackfleisch
- 300 g Rinderhackfleisch
- 100 ml Vollmilch
- 2 Eier (Größe S)
- 2–3 EL Semmelbrösel
- frisch geriebene Muskatnuss (nach Belieben)
- feines Meersalz
- frisch gemahlener Pfeffer
- Mehl zum Wenden
- Pflanzenöl zum Ausbacken

1. Zuerst schäle ich die Zwiebeln und schneide sie mit viel Liebe in feinste Würfelchen. Petersilie und Majoran werden gewaschen und trocken geschüttelt, die Blättchen abgezupft und fein geschnitten. In einer Schüssel vermenge ich Hackfleisch, Milch, Eier, 2 EL Semmelbrösel, Zwiebelwürfelchen und Kräuter. Nach Belieben mit Muskatnuss und kräftig mit Salz und Pfeffer würzen. Nun verknete ich alles gut miteinander, bis die Masse bindet. Bei Bedarf arbeite ich noch etwas mehr Semmelbrösel ein.

2. Um zu testen, ob Konsistenz und Würze perfekt sind, forme ich eine kleine Probefrikadelle, wälze sie rundum in etwas Mehl und klopfe sie ein wenig flach. Nun erhitze ich 3 bis 4 EL Öl in einer Pfanne und brate die Probefrikadelle von beiden Seiten darin goldbraun. Hält sie zusammen und stimmt der Geschmack, forme ich aus der restlichen Fleischmasse Frikadellen in beliebiger Größe und backe sie wie die Probefrikadelle im Öl aus.

3. Ich richte die Frikadellen auf einer großen Platte an und serviere dazu Pommes frites oder auch Rösti (siehe S. 113) und einen knackigen grünen Salat.

♥ *Dazu passt eine Senfsauce. Dafür 100 ml Sahne, 2 EL besten scharfen Senf (grob oder fein), etwas Zitronensaft, Pfeffer aus der Mühle und Salz verrühren – fertig.*

Kabeljau in Bierteig

Unseren Kabeljau bekamen wir in Frisange nicht etwa vom Fischhändler, sondern regelmäßig freitags von den Zöllnern, die durchfahrende Lieferwagen an der Grenze zwischen Luxemburg und Deutschland kontrollierten. Wenn die Abfertigung schön unkompliziert verlaufen war, wurde ihr guter Wille von den Fahrern mit einer Kiste frischen Fischs belohnt – letztendlich für uns alle ein gutes Geschäft.

FÜR 4 PERSONEN

FÜR DEN KABELJAU:

600 g Kabeljaufilet
2 Knoblauchzehen
Salz
2–3 EL Weißwein oder Zitronensaft
Öl zum Ausbacken
4 Zitronenachtel

FÜR DEN BIERTEIG:

2 Eier
100 g Mehl
Salz
frisch gemahlener Pfeffer
ca. 6 EL helles Bier

FÜR DIE REMOULADE:

2 kleine Essiggurken
1 hart gekochtes Ei
1 EL Kapern (mit etwas Saft)
40 g Mayonnaise
1 EL fein gehackte glatte Petersilie
2 EL steif geschlagene Sahne

1. Das Kabeljaufilet muss dünn sein und wird zunächst in 4 bis 5 cm lange Stücke geschnitten. Ich schäle den Knoblauch und schneide ihn in Scheiben, den Fisch salze ich. In einer Porzellanform verteile ich zwei Drittel der Knoblauchscheiben, lege den Fisch darauf und gebe den restlichen Knoblauch obendrauf. Nun benetze ich alles mit Weißwein oder mit Zitronensaft und mariniere den Fisch 20 bis 30 Minuten.

2. Inzwischen bereite ich einen Teig aus Eiern, Mehl, Salz und Pfeffer und bringe ihn mit dem Bier auf die genaue Konsistenz: Er muss dickflüssiger sein als Pfannkuchenteig.

3. Der Fisch wird, leicht trocken getupft, in den Bierteig getaucht und in einer Pfanne mit viel heißem Öl auf beiden Seiten goldbraun gebacken, sodass er außen schön knusprig ist. Anschließend nehme ich ihn aus der Pfanne und lege ihn auf Küchenpapier, damit das Fett aufgesaugt wird. Mit 1 Klecks Remoulade (siehe unten), neuen Kartoffeln und einem Blattsalat mit Vinaigrette ist das Ganze komplett.

4. Über den Fisch träufelt sich jeder Zitrone nach Geschmack. In so einem Fall schneide ich die Zitronen in Stücke und hole schon die Kerne heraus – dann muss man sich schlimmstenfalls nur noch über die eine oder andere Gräte im Filet ärgern ...

Remoulade

Die Gürkchen tupfe ich mit Küchenpapier schön trocken und schneide sie in feine Würfelchen. Das Ei wird geschält und mit den Kapern gehackt. Nun verrühre ich in einer kleinen Schüssel Gurkenwürfelchen, Ei und Kapern mit der Mayonnaise und der Petersilie, bevor ich die Sahne vorsichtig unterhebe und die Remoulade mit etwas Kapernsaft abschmecke.

Seeteufel kalt gemacht

Als ich zum ersten Mal Seeteufel gekocht habe, war ich in Metz auf der Universität und sehr ambitiös, was das Kochen anging. Ich muss allerdings zugeben, dass ich am Herd an meine Grenzen gelangte. Der Fischhändler hatte dem Seeteufel nicht alle Häute weggeschnitten. So kam es, dass je länger ich den Fisch kochte, desto zäher wurde er. Es war eine riesige Enttäuschung! Ein paar Minuten genügten zum Schluss, dass der einst edle Fisch am Topf klebte und verbrannte. Wie das roch, will niemand wissen!

FÜR 4 PERSONEN

FÜR DIE COCKTAILSAUCE:

1 Tomate
4 EL Mayonnaise (feste Konsistenz)
½ EL Ketchup
3 cl Cognac (oder Whiskey)
feines Meersalz
Piment d'Espelette (ersatzweise Cayennepfeffer)
Angostura
Tabasco
Worcestershiresauce
1 Spritzer Zitronensaft
fein geschnittener Estragon (oder Kerbel)

FÜR DEN FISCH:

500 g Seeteufel (küchenfertig)
feines Meersalz
Zitronenspalten zum Servieren
1 EL geklärte Butter
1 Knoblauchzehe
2 Zweige Thymian
1 EL gute Butter
frische Kräuter (z. B. fein geschnittener Estragon oder Kerbel)

1. Für die Cocktailsauce schneide ich die Tomate klein und püriere sie im Mixer oder mit dem Stabmixer. Ich gebe das Tomatenmus mit 2 bis 4 EL Wasser in eine kleine Kasserolle und bringe es zum Köcheln. Vom Herd nehmen und etwa 5 Minuten ziehen lassen. Dann passiere ich es durch ein feines Sieb und lasse es zur Hälfte einkochen. Die Sauce auf Eis kalt rühren.

2. Die Mayonnaise mit Ketchup, Cognac oder Whiskey, Salz, Piment d'Espelette und den Cocktailzutaten – Angostura, Tabasco und Worcestershiresauce – sowie 1 Spritzer Zitronensaft würzen und nach eigenem Geschmack abschmecken. Wichtig wie bei einem Cocktail: Der Barkeeper bestimmt den Geschmack!

3. Die Cocktailsauce ist fertig und wird nun mit dem reduzierten Tomatensaft auf die richtige Konsistenz gebracht. Zum Schluss noch den Estragon oder Kerbel darunterziehen und die Sauce bis zum Servieren kalt stellen.

4. Der Seeteufel ist ein Fisch, der keine Gräten hat, sondern einen Knochen. Das klingt gut, aber dafür hat er unzählige Häute rundum, und die müssen alle ab. Alle, sonst bleibt er zäh und erfreut niemandes Gaumen. Wenn dann alle Häute ab sind, die Filets in etwa 4 bis 5 cm dicke Scheiben schneiden. Kleine Filets kann man auch ganz lassen. Diese Scheiben brate ich in geklärter Butter auf beiden Seiten mit 1 Knoblauchzehe und etwas Thymian an, dann gebe ich noch 1 EL gute Butter in die Pfanne und gare den Fisch unter ständigem Übergießen fertig. Ich richte den Seeteufel mit den Zitronenspalten hübsch auf Tellern an, bestreue ihn mit frischen Kräutern und reiche die Cocktailsauce in kleinen Dipschüsselchen separat. Dazu passen Salzkartoffeln.

♥ *Ich gehe immer davon aus, dass wir nur erstklassige Lebensmittel verarbeiten! Zu Seeteufel passen übrigens alle Saucen, die auch zu Hummer schmecken, weil die Textur des Fleisches ähnlich ist. Sogar kalt schmeckt er mit Cocktailsauce oder Salsa.*

Mein erster Seeteufel landete im Müll statt auf dem Teller.
Es war lange verboten, darüber zu berichten. Heute kann ich drüber schmunzeln.

Ossobuco mit Bandnudeln

Immer wenn ich gerade nicht im Einklang mit meiner Mutter war und sie dieses Gericht kochte, dachte ich, sie sei trotzdem die beste Mutter der ganzen Welt. Wenn ich es heute koche, dann koche ich das nicht genau wie sie. Man muss etwas nicht exakt so kochen, wie jemand anderes es gekocht hat, Hauptsache, es wird mit diesem Esprit gemacht.

FÜR 4–6 PERSONEN

FÜR DIE NUDELN:

- 300 g Hartweizengrieß
- 200 g Weizenmehl
- 5 Eier (Größe M)
- Salz

FÜR DAS FLEISCH:

- 1,2 kg Kalbshaxen vom Milchkalb
- 40 g Butter
- Salz
- frisch gemahlener Pfeffer
- 4 Schalotten
- 4 Knoblauchzehen
- 2 EL Weizenmehl
- 200 ml fruchtiger Weißwein
- 400 ml Kalbsfond
- 1 Strauchtomate
- 1 Stiel Liebstöckel
- 1 Bund Thymian
- 2 EL kalte Butter
- glatte Petersilie zum Garnieren

1. Damit der Nudelteig in Ruhe gehen kann, bereite ich ihn am Vortag zu. Dazu vermische ich Grieß und Mehl mit den Eiern und 1 gestrichenem TL Salz. Die Masse knete ich mit der Küchenmaschine oder den Händen sorgfältig durch. Den Teig – er darf nicht zu feucht, sondern sollte eher krümelig sein – forme ich so gut es geht zu einer Kugel, stecke ihn in einen Gefrierbeutel und lege ihn über Nacht in den Kühlschrank.

2. Am nächsten Tag für das Fleisch die Haxen abspülen und mit Küchenpapier trocken tupfen. In einem großen Eisentopf erhitze ich die Butter, lege alle Haxen nebeneinander hinein und hebe sie noch einmal an, damit die Butter darunterläuft. Ich salze und pfeffre das Fleisch, schöpfe mit einem Löffel die heiße Butter darüber, wende es und brate es auf der zweiten Seite genauso an.

3. Nun gebe ich die geschälten halbierten Schalotten und die ungeschälten Knoblauchzehen dazu und bestäube alles mit dem gesiebten Mehl. Dann wende ich das Fleisch, damit das Mehl mit anbrät. Mit dem Weißwein ablöschen.

4. Ich koche alles ein und gebe den Fond oder Wasser dazu. Die enthäutete und geviertelte Tomate, Liebstöckel und Thymian hineinlegen, den Deckel auflegen und 40 Minuten köcheln.

5. Inzwischen hole ich den Nudelteig aus dem Kühlschrank, teile ihn in mehrere Portionen, rolle ihn auf der leicht bemehlten Arbeitsfläche etwas in Form und drehe ihn immer dünner durch die Nudelmaschine, um die Teigplatten anschließend in Streifen zu schneiden – ich mag sie am liebsten etwas breiter. Die Nudeln werden ganz fein mit Mehl bestäubt, damit sie nicht zusammenkleben. Nun setze ich einen großen Topf mit reichlich Salzwasser auf. Kurz vor dem Servieren koche ich die Nudeln je nach Dicke etwa 2 bis 4 Minuten.

6. Das Fleisch ist gar, wenn es weich ist, aber noch nicht vom Knochen fällt. Jetzt hebe ich es auf eine gewärmte Platte, fische Kräuter und Knoblauch aus der Sauce, schmecke sie ab und rühre noch etwas kalte Butter darunter.

7. Auf jeden Teller kommt eine gute Portion Bandnudeln und darauf Fleisch und Schalotten. Beides begieße ich mit Sauce und gebe noch etwas fein gehackte Petersilie darüber. Dazu passen karamellisierte Möhren.

♥ *Nudelteig ist eine Sache des Gefühls. Sind die Eier größer, vielleicht etwas mehr Mehl in den Teig kneten. Sind sie kleiner, mit etwas weniger Mehl starten und bei Bedarf die Menge erhöhen.*

Bei Kalbfleisch macht sich die Sauce ganz von allein, das Fleisch gibt einfach den besten Bratensaft ab.

Îles flottantes – Schwimmende Inseln

Diese hauchzarten Schneeklößchen, die so lieblich in köstlicher goldgelber Eiercreme schwimmen, sind eines meiner absoluten Lieblingsrezepte aus Kindertagen.

FÜR 4 PERSONEN

FÜR DIE CREME:

1 Vanilleschote
½ l Vollmilch
150 g Zucker
4 Eigelb

FÜR DIE KLÖSSCHEN:

4 Eiweiß
1 Spritzer Zitronensaft
50 g Zucker
½ l Vollmilch

FÜR DIE DEKO:

1 Stück Turrón duro (siehe Tipp)

1. Für die Creme schlitze ich zunächst die Vanilleschote der Länge nach auf und schabe das aromatische Mark mit einem Messer heraus. Jetzt wird die Milch mit der Hälfte des Zuckers, dem Mark und der Schote in einem Topf aufgekocht. Sofort darauf nehme ich den Topf direkt wieder vom Herd.

2. Die Eigelbe schlage ich mit dem restlichen Zucker cremig auf. Nun vorsichtig erst 2 Kellen Milch unter die Eigelbmasse rühren, dann kommt die Eigelbmasse wiederum mit dem Schneebesen unter die heiße Milch. Dabei erhitze ich die Milch noch einmal, aber nur bei niedriger Hitze – sie darf nicht kochen, sonst gerinnt das Ei. Wenn die Creme andickt, ziehe ich den Topf vom Herd, entferne die Vanilleschote und lasse die Creme abkühlen.

3. In der Zwischenzeit schlage ich für die Klößchen die Eiweiße mit dem Zitronensaft in einer sauberen, fettfreien Rührschüssel zu steifem Schnee, dabei lasse ich den Zucker langsam einrieseln. Die Milch erhitze ich in einem Topf, bis sie siedet, dann steche ich vom Eischnee mit einem Löffel kleine Nocken ab. Die Nocken setze ich vorsichtig in die heiße Milch. Nach einigen Sekunden werden sie gewendet und ziehen noch ein paar Sekunden. Die Klößchen, die ich mit der Schaumkelle heraushebe, lasse ich auf Küchenpapier abtropfen. Den Turrón für die Deko in kleine Brösel hacken.

4. Zum Servieren verteile ich die Vanillecreme auf vier hübsche Schalen, setze die Schneeklößchen auf und bestreue sie mit den Turrónbröseln.

♥ *Turrón ist eine spanische Süßigkeit, eine Variante des weißen Nugats, die aus Mandeln, Honig, Zucker und Eiweiß hergestellt wird. In Italien kennt man diese süße Sünde als Torrone.*

Crêpes mit Apfelfüllung

FÜR 12–15 CRÊPES (JE NACH PFANNENGRÖSSE)

FÜR DEN TEIG:

- 250 g Mehl
- 75 g Zucker
- 1 Prise Salz
- 5 Eier
- 150 g Sahne
- ½ l Vollmilch
- 2 EL Butter

FÜR DIE FÜLLUNG:

- 2 mittelgroße Äpfel (z. B. Golden Delicious)
- 2 gehäufte EL Zucker
- 100 ml Weißwein

1. Für den Teig vermenge ich zunächst Mehl und Zucker mit 1 Prise Salz in einer Schüssel. Dann gebe ich die Eier hinzu und verrühre das Ganze. Nun kommen unter Rühren erst die Sahne, dann die Milch hinzu. Die Konsistenz sollte am Ende cremig, dickflüssig und nicht zu fest sein – so, dass der Teig vom Löffel läuft und nicht tropft.

2. Den Teig streiche ich durch ein feines Sieb, damit keine Klumpen darinbleiben. Dann lasse ich ihn 30 Minuten stehen. In der Zeit können sich die Zutaten gut miteinander verbinden. Im Notfall, bei sehr hungrigen Gästen, kann man allerdings auch direkt ans Werk gehen. In diesem Fall muss die Apfelfüllung bereits fertig vorbereitet sein.

3. Während der Teig ruht, schäle ich für die Füllung die Äpfel, viertele sie und entferne das Kerngehäuse. Die Viertel schneide ich in etwa 3 mm kleine Würfel. Zucker und Weißwein werden in einem kleinen Topf sirupartig eingekocht, dann kommen die Apfelwürfel dazu und kochen einige Minuten mit, bis sie weich und glasig sind. Sie dürfen aber nicht zerfallen. Ich ziehe den Topf vom Herd und lasse die Füllung leicht abkühlen.

4. Zum Ausbacken der Crêpes heize ich den Backofen auf 80 °C Umluft (100 °C Ober-/Unterhitze, Gas Stufe ½) vor und nehme eine flache Pfanne oder eine gusseiserne Pfanne. Ich würde mich im Leben aber nicht davon abhalten lassen, eine gute Crêpe zu essen, nur weil ich gerade nicht die ideale Pfanne zur Hand habe.

5. Nun gebe ich 1 EL Butter in die Pfanne und lasse sie schmelzen, bis sie leicht braun wird (siehe Tipp). Etwas Teig in die heiße Pfanne geben und durch Schwenken darin verteilen. Keine Sorge, die erste Crêpe gelingt meist nicht. Wenn doch, darf man sich besonders freuen. Denn der Erstling gehört dem Koch, um zu probieren, ob man im Teig auch nichts vergessen hat.

6. Nun eine Crêpe nach der anderen backen. Wenn die Pfanne es zulässt, ist Wenden in der Luft erlaubt. Ansonsten darf man gern einen Pfannenwender benutzen. Die fertigen Crêpes staple ich auf einem Teller und halte sie im heißen Ofen warm.

7. Sind alle Crêpes gebacken, verteile ich sie auf Teller, setze je 1 EL Apfelwürfel darauf und klappe sie zusammen. Dazu passt eine schöne Zimtsahne, aber auch pur mit braunem Zucker oder Konfitüre schmecken sie himmlisch.

♥ *Mein Geheimtipp ist, die geschmolzene Butter direkt in den Teig zu geben. Das intensiviert den Geschmack und spart das Einfetten der Pfanne.*

Omelette norvégienne

Das Omelette norvégienne war das Lieblingsdessert meiner Mutter, wenn es um Banketts ging. Was sie so sehr daran liebte, war das Flambieren mit Kirschwasser, das jedoch unbedingt von bester Qualität sein musste – darauf bestand sie. Denn: Der Alkohol verfliegt, der Geschmack bleibt.

FÜR 6 PERSONEN

1 l Vanilleeis
6–8 Löffelbiskuits
4 zimmerwarme Eiweiß
120 g Zucker
etwas Puderzucker zum Bestäuben
4 cl zimmerwarmes Kirschwasser

1. Zunächst gilt es, das Vanilleeis in Form zu bringen: Dafür lasse ich es ein wenig weich werden und streiche es dann entweder in eine Rehrückenform oder in eine Kastenform, die ich vorher sorgfältig mit Frischhaltefolie ausgekleidet habe. Dann kommt das Eis noch einmal für 2 Stunden ins Gefrierfach.

2. Die Löffelbiskuits lege ich nebeneinander so auf eine hitzebeständige Servierplatte, dass sie den Maßen der Form entsprechen. Das feste Vanilleeis aus der Form stürze ich nun auf die Biskuits und stelle es vorübergehend wieder in den Gefrierschrank.

3. Jetzt schlage ich die Eiweiße mit dem Zucker zu einer steifen Baisermasse. Dazu werden die Eiweiße in einer fettfreien Rührschüssel mit dem Schneebesen angeschlagen. Nun gebe ich die Hälfte des Zuckers dazu und schlage erst einmal weiter, bevor die zweite Hälfte des Zuckers hinzukommt – und weiterschlagen, bis eine richtig feste Masse entsteht.

4. Ich heize den Backofengrill auf 200 °C Oberhitze vor. Nun nehme ich das Eis wieder aus der Tiefkühltruhe und verteile mindestens zwei Drittel des Eischnees mit dem Spachtel 1 bis 2 cm dick und gleichmäßig auf dem Eis. Den Rest fülle ich einen Spritzbeutel und dekoriere die Oberfläche in schönen Schwüngen oder Tupfern.

5. Jetzt backe ich das Omelette im heißen Ofen nur etwa 1 Minute auf mittlerer Schiene, bis die Baisermasse leicht aufgeht und etwas bräunlich wird. Schnell wieder aus dem Ofen herausnehmen, ganz leicht mit Puderzucker bestäuben und – am besten vor den Gästen – mit Kirschwasser flambieren. Hierzu zünde ich den Schnaps in einer Kelle oder Sauciere an und begieße das Omelette damit.

6. Zum Anrichten das Omelette norvégienne in 6 dicke Scheiben schneiden, sofort servieren und den Duft genießen.

♥ *Wem die Ofennummer für das Eis zu heiß ist, der kann die Oberfläche der Baisermasse auch mit einem Flambierbrenner abflämmen. Den nur bitte nicht zu nah an die weiße Pracht halten, sie verbrennt sonst zu schnell.*

Vaters Weihnachtsstollen

Lange bevor ich zur Welt kam, war mein Vater ein sehr guter Konditor gewesen. Unter anderem machte er den besten Weihnachtsstollen der Welt. Sein Problem war, dass er noch viel lieber Karten spielte, als Stollen zu backen. So schlug ich eines Jahres kurz vor Weihnachten meiner Mutter, einer Bäckerstochter vor, ihn selbst zu machen. Mein Vater gab zwischendurch die Anweisungen. Allein der Duft im Haus machte mich überglücklich, und mein Vater meinte über den Stollen: „Kindchen, der ist noch besser als meiner!“

FÜR 3 STOLLEN

1 Würfel frische Hefe (42 g)
100 ml Vollmilch
1 kg Mehl und Mehl zum Bestäuben
700 g weiche Butter
2 Eier
120 g Zucker
15 g Salz
180 g Haselnusskerne
100 g Orangeat
100 g Zitronat
100 g Mandeln
100 g gehackte Mandeln
120 g Rosinen
200 g Korinthen
Puderzucker zum Bestäuben

1. Zunächst zerbrösle ich die Hefe in eine Rührschüssel und vermische sie dort mit der Milch und 100 ml Wasser, beides lauwarm. Nun kommen 200 g Mehl hinzu. Ich verarbeite alles zu einem weichen Teig, der anschließend abgedeckt an einem warmen, zugfreien Ort 30 Minuten gehen muss.
2. Den Hefeansatz verknete ich mit 400 g Butter, Eiern, Zucker und Salz. Nach und nach arbeite ich das restliche Mehl unter, bis der Teig halb fest ist und nicht mehr an den Händen klebt. Nüsse und Früchte bestäube ich mit etwas Mehl, damit sie nicht zusammenkleben und im Teig versinken, dann arbeite ich sie mit viel Kraft in den Teig ein.
3. Den Teig teile ich nun in 3 gleich große Stücke, forme jedes Stück zu einer Kugel und rolle diese fingerdick aus. Nun bekommt der Teig seine Stollenform: Ein Drittel wird auf die anderen zwei Drittel geschlagen. Ist das geschafft, kommen die 3 Stollen auf ein mit Backpapier belegtes Backblech und dürfen noch einmal zugedeckt 2 Stunden bei Zimmertemperatur gehen.
4. Den Backofen heize ich auf 200 °C Ober-/Unterhitze (180 °C Umluft, Gas Stufe 4) vor. Die Stollen werden 15 Minuten bei dieser Temperatur gebacken, dann wird die Hitze auf 180 °C (160 °C Umluft, Gas Stufe 3) reduziert. Da der Teig mit den Früchten und Nüssen so schwer ist, muss er etwa 35 Minuten weiterbacken.
5. Die restliche Butter lasse ich in einem kleinen Topf bei niedriger Hitze flüssig werden und bestreiche den noch warmen Stollen damit. Nach dem Abkühlen des Stollens auf einem Gitterrost wiederhole ich das Bestreichen.
6. Mit Puderzucker bestäubt, schneide ich den perfekten Stollen zum Servieren in Scheiben auf.

Marzipan im Stollen war für meinen Vater übrigens ein absolutes Tabu: „Ein fester Briocheteig mit wenig Eiern, Kindchen, davon wird er nur trocken. Dafür aber mit viel Butter. Dann so viele Nüsse, Mandeln, Rosinen und kandierte Früchte rein, wie der Teig halten kann." Ich hielt mich genau an seine Anweisungen und erntete später großes Lob für meinen ersten Stollen.

Zum Formen braucht man nicht unbedingt eine Stollenbackhaube. Mit der richtigen Falttechnik (siehe oben) wird der Stollen ein ebensolches Prachtwerk! Umso schwerer fällt es, den Stollen vor dem Verzehr noch mindestens 2 bis 3 Tage ruhen zu lassen – dann erst entfalten sich die Aromen vollständig.

Apfelkuchen mit Eierguss

Nichts geht über „eng gudd Äppeltaart“, wie mein absoluter Lieblingskuchen auf Luxemburgisch heißt. Von April/Mai bis Oktober ist mein geliebter Boskop, den ich dafür am allerliebsten verwende, leider nicht zu bekommen. Da niemand es so lange ohne einen guten Apfelkuchen – für mich ein absolutes Grunddessert – aushält, ersetze ich ihn dann gerne durch Elstar. Wichtig ist, dass er eine schöne Säure hat und weichkochend ist.

FÜR 12 STÜCKE

FÜR DEN APFELKUCHEN:

ca. 400 g Hefeteig (siehe unten)
ca. 700 g Äpfel (z. B. Boskop)
2 mittelgroße Eier
2–3 gehäufte EL Zucker
100 g Sahne
100 ml Vollmilch
Puder- oder Hagelzucker zum Bestreuen

FÜR DEN HEFETEIG:

1 Würfel Hefe (42 g)
700 g Weizenmehl
4 zimmerwarme Eier
200 g zimmerwarme weiche Butter
2–3 EL Zucker
1 Prise Salz

1. Dafür brauche ich einen Boden von Papas Hefeteig. Er wird dünn ausgerollt und in eine gefettete Form von 28 cm Durchmesser gelegt. Vorsicht: Die Form muss einen geschlossenen Boden haben, sonst läuft der Eierguss aus!

2. Jetzt kommen die Äpfel dran. Ich schäle die Äpfel und entkerne sie mit dem Apfelausstecher, das geht am einfachsten. Jeden Apfel schneide ich in 8 Spalten und belege den Teigboden damit dachziegelartig. Dabei muss man aufpassen, die Apfelspalten nicht in den Teig zu drücken, denn sonst entsteht ein Loch, und der Guss läuft unter den Teig.

3. Das Beste an meinem Apfelkuchen ist der Guss. Dafür nehme ich Eier, Zucker, Sahne und Milch, verquirle alles sorgfältig und gieße es über die Apfelspalten. Dabei braucht man ein bisschen Erfahrung – es darf nicht zu viel, aber auch nicht zu wenig Guss sein.

4. Den Backofen heize ich auf 180 °C (Umluft 160 °C, Gas Stufe 3) vor und backe den Apfelkuchen etwa 50 Minuten im heißen Ofen. Die Äpfel sollen weich werden, der Eierguss muss stocken und der Teig soll appetitlich hellbraun sein – dann ist mein geliebter Apfelkuchen fertig.

5. Ich hole ihn aus dem Ofen, hebe ihn aus der Form und stelle ihn zum Abkühlen auf einen Gitterrost. Am besten schmeckt er lauwarm, bestreut mit Puder- oder Hagelzucker: Dazu gibt's halb fest geschlagene Sahne, gesüßt mit etwas Zucker oder – ganz raffiniert – mit etwas Ahornsirup. Voilà, das ist er: mein ultimativer Apfelkuchen!

Grundrezept für Hefeteig

1. Ich gebe 100 ml lauwarmes Wasser in eine kleine Schüssel, bröckle die Hefe in Stückchen hinein und löse sie durch Rühren mit einer Gabel auf. 2 EL Mehl dazugeben, alles zu einem flüssigen Teig verrühren und an einem warmen Ort 30 Minuten ruhen lassen.

2. Nun gebe ich erst Eier und Butter, dann Zucker und Salz dazu. Erst jetzt knete ich nach und nach so viel Mehl mit den Händen kräftig unter den Teig, bis er schön geschmeidig ist und nicht mehr an meinen Fingern klebt. Jetzt kommt er zu einer Kugel geformt zurück in die Schüssel und ruht mit einem sauberen Küchenhandtuch bedeckt, bis er sein Volumen verdoppelt hat.

Meine Lieblingszutaten

Ich liebe gute Lebensmittel und wünsche mir von jedem anderen – egal, ob Hobby- oder Profikoch –, dass sie oder er das auch tut. Denn die Grundvoraussetzung für ein gelungenes Gericht ist der Einsatz qualitativ hochwertiger Waren. Das beginnt bei Salz und Pfeffer und reicht bis zur Fleischgüte. Wie immer im Leben sollte man sich auch in der Küche mit dem umgeben, was man liebt. In den verschiedenen Lebensstationen kommt da natürlich einiges zusammen. Im Alltag kann die Liebe kommen und gehen, meinen Lieblingsprodukten habe ich seit Beginn meiner Karriere an die Treue gehalten und sie mir.

Bourbon-Vanille

Sie liefert aromatisch das, was an meinem Gaumen und in meinem Kopf den Vanillegeschmack definiert. Bourbon-Vanille ist standhaft und hält, was sie verspricht, denn nur sie hat den schönen erdigen Vanillegeschmack, den ich insbesondere für meine Desserts suche und brauche. Tahiti-Vanille schmeckt für mich im Vergleich eher künstlich und übertrieben.

Butter

Ohne sie geht gar nichts, weder in süßen noch in herzhaften Gerichten. Meine Lieblingsbutter ist unsere Luxemburger „Beurre Rose“, sie macht mich stolz. Voraussetzung für ihren Erfolg in der Küche: Sie darf nicht nach Kühlschrank schmecken. Butter hat es verdient, stets mit ganz viel Liebe behandelt und verarbeitet zu werden.

Frisch gemahlener Pfeffer

Ob weiß oder schwarz, ich liebe seine Würze. Nur frisch gemahlen muss er sein, das ist wichtig. Das frische Mahlen lässt jedem Körnchen sein Aroma, und das ist zauberhaft. Bei exotischen Sorten, die mir auf Reisen begegnen, bin ich immer etwas vorsichtig, weil ich mich mit ihrer geschmacklichen Wirkung nicht so gut auskenne. Experimentieren ist gut, aber vorheriges Probieren ein Muss.

Muskatnuss

Mit den richtigen Zutaten zusammengebracht, hat die Muskatnuss etwas absolut Verführerisches. Sie liebt stärkehaltige Produkte wie Kartoffeln oder Nudeln, die Säure von Wein und das Salz von Parmesan. Für ihre Verarbeitung ist wichtig zu wissen, dass sie ihr Aroma nur dann abgibt, wenn sie warm ist, das heißt mitgegart wird. Beachten Köchin und Koch dies, wird aus einer kurzen Verführung die große Liebe.

Mandeln

Wenn es hart auf hart kommt, lassen sie mich nicht im Stich und waren schon vielfach meine Retter. Ich liebe die Mandeln für meine berühmten Madeleines und Hippen ebenso sehr, wie ich sie gerne pur esse. Denn seitdem ich mehr auf meine Gesundheit achte, weiß ich, dass sie voller gesunder Inhaltsstoffe stecken – so machen sie nicht nur tolle Gerichte, sondern auch die Köchin oder den Koch schön.

Frische Kräuter

Petersilie, Estragon und Co. haben es mit ihren ätherischen Ölen in sich. Thymian gibt Fleisch beim Braten ein tieferes Aroma, Estragon und Kerbel heben die Hollandaise in den Saucenhimmel. Oberflächliche Köche lachen über Petersilie, ich liebe sie – meinen Suppen gibt sie den Kick und 1 Spritzer Zitrone macht sie noch glamouröser. Wichtig ist nur, sie allesamt subtil einzusetzen, Feinheit ist hier ein Muss.

Schwarze Trüffel

Ich liebe ihr unvergleichliches, erdiges Aroma! Dabei ziehe ich die schwarze Trüffel der weißen vor. Während die weiße nie gegart wird, sondern immer nur fein gehobelt ein Gericht finalisiert, schenkt die schwarze Trüffel Gerichten während des Garens ihre ganze tiefgründige Seele.

Kartoffeln

Die Kartoffel ist in der Küche meine große Liebe, weil sie – wie ich – allen Lebenslagen gewachsen ist. Ihre Vielseitigkeit zeigt sie schon damit, dass sie überall auf der Welt wächst. Zunächst kommt sie aus der Erde dreckig daher, ist in ihrer Verarbeitung dann aber so wandelbar, dass sie sich in der Hausmannsküche genauso gut macht wie in der Sterneküche. Dafür liebe ich sie.

Saubohnen

Sie hat einen so groben Namen und kann dabei so fein sein. Damit sie wirklich edel daherkommt, ist es wichtig, die Kerne nach dem Blanchieren aus den Hülsen zu drücken. Das wissen viele nicht. Mit ihrer Hilfe konnte ich den Bocuse d'Or gewinnen – wenn man so will, herrscht zwischen uns seitdem ein Geben und Nehmen.

Lammrücken

Im Kartoffelmantel habe zuerst ich ihn gemacht, dann hat er mich berühmt gemacht. Und auch nach 30 Jahren liebe ich den Lammrücken noch immer. Dabei bevorzuge ich das französische Allaiton de l'Aveyron, das bis zur Schlachtung im Alter von maximal einem Jahr – und länger als gewöhnlich – bei seiner Mutter aufwächst. Wichtig: Lammrücken immer rosé servieren.

Rezepte, die meine Gäste und Kritiker lieben

Für meine Gäste nur das Beste

Es ist eines der größten Geheimnisse, das mein Vater mir immer und immer wieder nahegebracht hat: Unsere Gäste sollen im Mittelpunkt stehen. Nicht die Gastgeber. Das heißt ja nicht, dass man nicht eine gesunde Portion Selbstbewusstsein braucht, um in diesem Beruf zu bestehen. „Es ist schon ein großes Kompliment an sich, wenn Gäste extra nach Frisange kommen“ sagte er einmal und meinte damit Gäste aus Luxemburg selbst, aus dem Umland, aber besonders von jenseits der Grenze, aus Deutschland. Wer seine eigenen vier Wände verlässt, um an einem anderen Ort zu essen, soll sich dort von der ersten Sekunde an wohlfühlen, das ist bis heute für mich als Gastgeberin eines der wichtigsten Versprechen, das ich jedem Gast gegenüber versuche zu erfüllen.

In die Küche hineingeboren

Ich wurde praktisch schon von Geburt an immer darauf vorbereitet, Gäste zu bewirten. Meine ganze Erziehung war geprägt davon, dass ich zu Hause genau wusste, was wo im Restaurant und Café zu tun ist. Das geht ins Blut über, weil es das tägliche Leben ist. So war es auch bei mir, als auf einmal ich das Geschäft übernahm. Und Mutter war von einem Tag auf den anderen einfach nur froh, dass wir ihr die Verantwortung und die Arbeit abnahmen.

Durch kochen kriegst du sie alle. Wenn du was Gutes im Topf hast, bist du die Number One!

Geschmacks-Generationen

Einer meiner liebsten Kritiker ist mein Sohn Louis. Ich bin so glücklich, dass er in meine Fußstapfen getreten ist, denn er hat ein so schönes Verständnis für guten Geschmack. Auch er hat schon sehr früh angefangen, sich für gutes Essen zu interessieren. Vielleicht sogar früher als ich.

Auch er fing an, Dinge zu probieren, die andere Kinder vielleicht noch nicht einmal hätten anfassen mögen. Wenn du etwas noch nie gegessen hast, weißt du in dem Alter ja auch nicht, wie es schmecken müsste. Das ist toll und komisch zugleich.

Er war vielleicht zweieinhalb oder drei Jahre alt, als wir in einem Restaurant waren und er mich nach einem selbst gewählten Menü fragte: „Mama, wie kann es sein, dass ein und derselbe Koch, der Froschschenkel so deliziös zubereiten kann, so ungenießbare Reibekuchen macht?“ Da ich keine Reibekuchen gegessen hatte, konnte ich mir erst gar nicht vorstellen, wie denn ein so schönes Kartoffelgericht nicht hätte schmecken können und ich probierte die Reste von seinem Teller. Und tatsächlich: Die rohe Kartoffelmasse hatte wohl nach ihrer Vorbereitung etwas zu lange ungekühlt in der Küche gestanden und war sauer geworden. Louis hat das sofort rausgeschmeckt. Ich weiß bis heute: Wenn Louis mit seiner feinen Zunge eine neue Kreation probiert, ist seine Kritik die allerwichtigste.

Mein geliebter Sohn Louis hat einen Sinn für ganz feinen Geschmack

Genießer, gern gesehener Gast und Mentor: Alfred Biolek hat mir den Weg in das deutsche Fernsehen bereitet

Duft, Geschmack und Textur, diese drei befruchten sich. Besonders die Textur ist so wichtig. Das lieben die Gäste.

Mein Praktikum in Paris

1987 hatte ich gerade erst meinen Stern im Guide Michelin bekommen und wurde so langsam unsicher, wie alles weitergehen konnte. Durch einen göttlichen Zufall stieß ich auf ein Inserat, das die Gelegenheit offerierte, bei Joël Robuchon gegen Bezahlung ein Praktikum zu machen – 5 Tage lang in Paris. Es war teuer, mit Hotel und etwas Stadtbesichtigung sogar sehr teuer, aber heute kann ich sagen, das war die beste Investition in meinem Leben überhaupt. Bei Joël Robuchon durfte ich sehen, wie es bei den ganz Großen hergeht. Zwar kochen letztendlich alle mit Wasser, aber mit was für einem Wasser er kochte, das wollte ich wissen.

Ich nahm mir alles zu Herzen, was mir im „Jamin" gekocht und geboten wurde. Von der Küche bis zum Saal durfte ich alles durchschauen. Größte Sorgfalt bis ins kleinste Detail. Beste verfügbare Waren, Preise durften keine Rolle spielen. Harte Arbeit, alles mit Liebe gemacht, und höchste Präzision bei jeder Geste. Danach stellte ich mir immer vor, wie Joël Robuchon mir beim Kochen über die Schulter schauen und sagen würde: „Was soll das werden, Léa?" So hielt ich mich an seine harten Regeln, auch wenn es mal knapp wurde, und fand immer einen Weg, die Qualität zu halten. Er hat sicher bei meiner Bewerbung übersehen, dass ich ein weiblicher Koch mit Stern war, und ich habe darauf immer Rücksicht genommen. Alles lief gut! Der Rest ist Geschichte.

Mensch Meier, mein Mentor

Ein Gast, den ich immer gern in meinem Restaurant bekoche, ist der wundervolle Alfred Biolek. Er hat einen ganz besonderen Status für mich, da ich ohne ihn nie den Weg ins deutsche Fernsehen gefunden hätte. Wie wir alle wissen, ist Alfred Biolek schon immer ein Genießer gewesen, der sich in seinen Fernsehsendungen immer auch mit gutem Essen beschäftigt hat. Als ich 1989 in Frankreich den Bocuse d'Or gewann, war ihm sofort aufgefallen, was für eine Sensation es war, dass zum ersten Mal eine Frau diesen Preis gewonnen hatte, und so hat er mich in seine Show „Mensch Meier" eingeladen. Es war mein erster Fernsehauftritt in Deutschland und ich war noch total in dieser „Sieger-Euphorie", weswegen ich so voller Adrenalin völlig vergessen habe, aufgeregt zu sein wegen der vielen Kameras. Später sagte er zu mir: „Sie kommen so gut rüber und haben gar keine Scheu. Das ist etwas ganz Besonderes." Er hat mir mit seiner Einladung und seinen Ratschlägen die Angst vor den Medien genommen und wann immer er in mein Restaurant kommt, empfinde ich große Freude, dass ich sagen kann, dass er mein Mentor ist. Und manchmal, wenn er zu Hause am Herd steht, ruft er mich an und will fachsimpeln.

MEINE LIEBSTEN KRITIKER

1. **Mein Sohn Louis** – Ich bin so stolz, dass er einen noch besseren Geschmack hat als ich.
2. **Mein Vater Emile** – Wenn du ein Vorbild hast, das du bewunderst, fällt es dir leicht, seine Kritik anzunehmen.
3. **Paul Bocuse** – Was soll ich sagen? Seine Kritik an meinem Lamm im Kartoffelmantel war Gold wert und hat mein Leben verändert.

Als ich das erste Mal Gästen im Restaurant etwas serviert habe, war ich vier. Heute wäre es vielleicht ein Skandal.

Königliches Tomatensüppchen mit Ziegenfrischkäseklößchen

Dieses kleine Süppchen habe ich bei einem Treffen unserer alten Großherzogin Joséphine Charlotte mit der belgischen Königin Paola serviert. Einige Tage später bekam ich aus dem Palast einen Anruf, in dem ich um das Rezept für die Suppe gebeten wurde, weil Königin Paola es für ihre eigene Köchin unbedingt haben wollte. Für mich war das ein echter Ritterschlag und natürlich eine große Ehre.

FÜR 4–6 PERSONEN

1 kg sonnengereifte Tomaten (z. B. Roma)
1 EL Puderzucker
1 TL Salz
frisch gemahlener Pfeffer
4 EL bestes Olivenöl
2 EL Sherryessig
1 Handvoll Eiswürfel
4–6 TL Ziegenfrischkäse
8–12 Minzeblätter
zerstoßener schwarzer Pfeffer zum Garnieren

1. Die aromatischen Tomaten wasche ich gründlich, schneide den Stielansatz heraus und teile sie in Viertel. Die Viertel gebe ich in einen hohen Rührbecher oder eine hochwandige Schüssel und püriere sie mit dem Stabmixer fein. Das Püree wird mit Puderzucker je nach Säure sowie Salz und Pfeffer gewürzt.

2. Das Püree streiche ich durch ein feines Sieb, dann werden mit dem Schneebesen 3 EL Olivenöl und der Essig untergerührt. Jetzt muss das Süppchen zum Kühlen für einige Stunden im Kühlschrank ruhen (siehe Tipp).

3. Nach dem Kühlen wird die Suppe noch einmal im Standmixer durchgemixt. Dabei gebe ich die Eiswürfel dazu. Jeden Teelöffel Ziegenfrischkäse forme ich zu einem kleinen Klößchen. Die gewaschene und trocken geschüttelte Minze schneide ich in feine Streifen.

4. Zum Servieren fülle ich das Tomatensüppchen in kleine Glasschalen oder Gläser, setze jeweils ganz vorsichtig ein Frischkäseklößchen darauf, beträufle es mit ein paar Tropfen Olivenöl und bestreue es mit den Minzestreifen. Zum Abschluss kommt der zerstoßene schwarze Pfeffer über jede Suppe.

♥ *Zum Kühlen des Süppchens fülle ich es am liebsten in einen Behälter aus Edelstahl, denn das Metall leitet Kälte sehr gut und gibt grundsätzlich keinen Beigeschmack an Speisen ab.*

Kartoffelsuppe mit Crémant und Parmesan

Für eine 80-köpfige Gesellschaft sollte es zum Start Kartoffelsuppe geben. Nur dauert die Begrüßung so vieler Gäste seine Zeit – zu lange für eine Suppe, um unbeaufsichtigt zu bleiben. Ihre leichte Rauchnote war für meinen feinen Geschmack unverkennbar. Sie neu zu kochen, dazu gab es keine Zeit. So machte ich aus der Not eine Tugend, füllte sie ohne am Topfboden zu rühren in einen frischen Topf um und gab eine ganze Flasche Champagner dazu – hier war das Beste gerade gut genug. Das Menü wurde ein voller Erfolg und die Suppe hatte noch nie zuvor so gut geschmeckt!

FÜR 4 PERSONEN

FÜR DIE SUPPE:

300 g Kartoffeln
1 Zwiebel
150 g Lauch (nur der weiße Teil)
2 Knoblauchzehen
1 Nuss Butter (siehe S. 108)
1 l Geflügelfond (siehe unten)
feines Meersalz
150 ml trockener Weißwein
100 g kalte Sahne
etwas Zitronensaft
frisch geriebene Muskatnuss
150 ml Crémant oder Winzersekt
50 g feine Parmesanspäne
4 EL Buttercroûtons (siehe S. 104)

1. Ich schäle die Kartoffeln, wasche sie und schneide sie in kleine Stücke. Die Zwiebel schäle ich und schneide sie wie auch den gewaschenen Lauch mit Liebe in Würfelchen. Den Knoblauch putze ich. Die Butter wird in einem Topf erhitzt, Zwiebel und Lauch darin bei mittlerer Hitze angeschwitzt.
2. Nun kommen die Kartoffeln und der Knoblauch dazu. Ich gieße den Geflügelfond an, salze das Ganze, lasse es aufkochen und bei niedriger Hitze 20 Minuten köcheln. Nach der Hälfte der Zeit gebe ich den Wein dazu.
3. Inzwischen schlage ich die Sahne halb steif auf, salze sie leicht, gebe etwas Zitronensaft dazu und würze kräftig mit Muskatnuss. Im Kühlschrank kalt stellen. Wenn die Kartoffeln weich sind, püriere ich die Suppe im Standmixer oder mit dem Stabmixer, streiche sie durch ein Haarsieb und gieße sie in den Topf zurück. Sie muss jetzt noch einmal kurz aufkochen, dann gebe ich für einen spritzig-säuerlichen Kick sofort den Crémant oder Sekt dazu.
4. Zum Servieren fülle ich die Suppe in Tassen, setze mit der Muskatsahne ein köstliches Häubchen auf, bestreue sie mit Parmesanspänen und garniere sie mit Buttercroûtons.

Geflügelfond

FÜR DEN GEFLÜGELFOND (3,5L):

1 große Zwiebel
1 Suppenhuhn und
2–3 kg Abschnitte (siehe Tipp)
1 Bouquet garni (Petersilie, Thymian, Sellerie)
25 g Salz

1. Ich schäle und halbiere die Zwiebel. Das Huhn und die Abschnitte wasche ich unter fließendem kaltem Wasser gründlich. Jetzt kommt alles, mitsamt dem Bouquet garni und dem Salz, mit 4 bis 5 l Wasser in einen großen Topf und wird aufgekocht. Den Schaum, der sich an der Oberfläche bildet, schöpfe ich immer wieder ab. Der Fond muss 2 Stunden bei mittlerer Hitze köcheln.
2. Ich hebe das Huhn und große Stücke aus dem Topf, dann gieße ich den Fond durch ein feines Sieb. Anschließend wird er kalt gestellt, entfettet und bis zur Weiterverwendung im Kühlschrank oder Tiefkühlfach aufbewahrt.

♥ *Flügel, Hälse und Füße von Hühnern immer im Tiefkühler aufbewahren, die sind ideal für den Fond.*

Langoustinen-Ravioli

Diese Ravioli waren im Restaurant lange Zeit der absolute Renner. Zum Rezept inspiriert hat mich der Schweizer Koch Frédy Girardet, während ich bei ihm hospitierte. Den Nudelteig mache ich natürlich immer noch von Hand und so fein, dass er die frisch ausgelöste Langoustine hauchdünn ummantelt, dabei trotzdem fest und geschmeidig ist. Die Krustentiersauce mit Safran macht dieses Gericht perfekt und unvergesslich.

FÜR 4 PERSONEN

FÜR DIE RAVIOLI:

12 große Langoustinenschwänze (Kaisergranat- oder Scampischwänze)
200 g Nudelteig (siehe S. 36)
Mehl zum Bestäuben
1 Eiweiß, verquirlt
feines Meersalz

FÜR DIE SAUCE:

1 reife, feste Tomate
200 ml Krustentierfond
6 Safranfäden
50 g kalte Butter
feines Meersalz
2 EL geschlagene Sahne
Salz

FÜR DIE GARNITUR:

700 g junge, zarte Spinatblätter
30 g Butter
feines Meersalz
frisch gemahlener Pfeffer
Kerbelblättchen zum Anrichten

1. Für die Ravioli breche ich zunächst die Langoustinenschwänze aus den Schalen bzw. schäle sie. Das Schwanzfleisch halbiere ich, entferne den Darm und schneide es in 2 cm große Stücke. Kalt stellen.

2. Die Arbeitsfläche bestäube ich mit etwas Mehl. Mithilfe einer Nudelmaschine rolle ich den Teig zu langen, möglichst dünnen Teigbahnen aus. Die Hälfte der Bahnen wird sparsam mit Eiweiß eingestrichen. Darauf setze ich die gesalzenen Langoustinenschwänze, wie rechts beschrieben. Die restlichen Teigbahnen lege ich locker und so glatt wie möglich darüber. Die obere Teigplatte wird um die Füllung herum angedrückt. Mit einem runden Ausstecher von 8 cm Durchmesser steche ich Ravioli aus. Die Raviolіränder werden mit den Fingern gut zusammengedrückt, sodass sie fest verschlossen sind und der Teig schön dünn wird. Bis zum Gebrauch lege ich sie auf ein mit Mehl bestäubtes Brett oder Tablett.

3. Für die Sauce schneide ich den Stielansatz der Tomate heraus, tauche dann die Tomate 20 Sekunden in kochendes Wasser, schrecke sie in kaltem Wasser ab, ziehe die Haut ab, viertle und entkerne sie. Die Tomatenfilets schneide ich mit Liebe in 0,5 cm kleine Würfel. Der Krustentierfond wird auf die Hälfte eingekocht. Die Safranfäden gebe ich dazu und lasse sie kurz ziehen. Die Sauce schlage ich mit einem Stabmixer schaumig auf, und die Butter mixe ich in kleinen Stückchen hinein. Ich schmecke die Sauce mit Salz ab.

4. Die Spinatblätter zupfe ich von den Stielen, die Blätter wasche ich gründlich, schleudere sie trocken und brate sie kurz vorm Servieren in einer heißen Pfanne mit Butter 2 Minuten an, sodass die Blätter zusammenfallen. Mit Salz und Pfeffer würzen. Auf Küchenpapier lasse ich die zarten Blättchen abtropfen und halte sie warm.

5. Die Ravioli dürfen in reichlich kochendem Salzwasser 2 bis 3 Minuten gar ziehen. Mit einer Schaumkelle nehme ich sie aus dem Wasser und lege sie auf ein Küchentuch.

6. In die Mitte von vier vorgewärmten Tellern wird der Spinat aufgeteilt und von jeweils 6 Ravioli gekrönt. Die Sauce wird nochmals schaumig aufgeschlagen, ich gebe Tomatenstückchen hinein, hebe die geschlagene Sahne unter und schmecke die Sauce noch mal ab. Die Ravioli überziehe ich mit der Sauce und garniere sie mit Kerbelblättchen.

Die Langoustinenschwänze verteile ich in 24 kleine Portionen jeweils mit einem Abstand von etwa 8 cm auf die Mitte der mit Eiweiß bepinselten Teigbahnen.

Besonders gleichmäßig werden die Ravioli mit einem komfortablen Ravioliausstecher. Der lässt sich mit etwas Fantasie jedoch durch andere Haushaltsgegenstände ersetzen: So eignen sich auch Tarteletteförmchen, Keksausstecher, Wasserglas, Pizzaschneider und, und, und.

Wolfsbarsch in der Salzkruste mit Fenchelsauce

Die Leute lieben ein wenig Drama, das gilt auch für Essensgäste. Dieser Wolfsbarsch hält sogar für den Kellner beim Servieren ein solches bereit, denn er kann von außen nicht beurteilen, ob der Koch ihn unter der Salzschicht wirklich perfekt gegart hat. Verlässt man sich auf die Tipps in diesem Rezept, klappt das Garen ganz sicher und das Aufschlagen der schönen Kruste bleibt das kleine, feine Highlight vor dem Genuss des saftigen, aromatischen Fleischs.

FÜR 2 PERSONEN

FÜR DEN FISCH:

1 mittelgroßer Wolfsbarsch (küchenfertig; ca. 700 g)
4 Zweige Thymian
1,5–2 kg grobes Meersalz (je nach Fischgröße)

FÜR DIE SAUCE (CA. 300–350 ML; FÜR 3–4 PERSONEN):

1 mittelgroße Fenchelknolle
2 Schalotten
40 g Butter
100 ml trockener Weißwein
4 cl trockener Wermut (Noilly Prat)
400 ml Fischfond
1 kleiner Thymianzweig
ein paar Fenchelsamen
100 g Sahne
100 ml Vollmilch
feines Meersalz
frisch gemahlener Pfeffer
ein paar Tropfen Zitronensaft

1. Den Backofen heize ich auf 200 °C Ober-/Unterhitze (180° Umluft, Gas Stufe 4) vor. Vom Wolfsbarsch entferne ich die Kiemen und spüle den Fisch unter fließendem kaltem Wasser kurz ab und tupfe ihn mit Küchenpapier trocken. Die Thymianzweige lege ich in die Bauchhöhle.

2. Ich mische so viel Wasser (etwa 200 ml) unter das Meersalz, dass es gerade feucht ist. Ein Viertel der Salzmischung wird auf ein mit Backpapier ausgelegtes Backblech zu einem, der Fischgröße entsprechend großen, knapp 1 cm hohen Sockel geformt. Den Fisch lege ich in das Salzbett und bedecke ihn großzügig mit dem restlichen Salz.

3. Im vorgeheizten Backofen backe ich ihn 15 bis 20 Minuten, bis der Fisch innen heiß ist bzw. die gewünschte Gartemperatur von 55 bis 60 °C erreicht hat. Dann nehme ich den Wolfsbarsch aus dem Ofen und lasse ihn 5 Minuten ruhen. Die Salzkruste schlage ich mit einem großen Küchenmesser auf, löse den Fisch zum Filetieren vorsichtig aus der Salzkruste und hebe ihn auf eine vorgewärmte Platte.

4. Während der Fisch im Ofen ist, putze und wasche ich den Fenchel, viertle und entstrunke ihn und schneide ihn in feine Scheiben. Die Schalotten schäle ich, halbiere sie und schneide sie klein. Fenchel und Schalotten schwitze ich in 20 g Butter in einem kleinen Topf bei milder Hitze einige Minuten an. Mit Weißwein und Noilly Prat ablöschen und fast vollständig einkochen und mit Fischfond aufgießen. Thymian und Fenchelsamen kommen nun auch dazu. Der Fond wird auf knapp die Hälfte eingekocht, dann kommen Sahne und Milch dazu. Ich lasse alles noch weitere 5 Minuten sanft köcheln. Nun wird der Fond durch ein Sieb passiert, ich schlage ihn mit einem Stabmixer schaumig auf und lasse die restliche Butter hineinschmelzen. Mit Salz, Pfeffer und ein wenig Zitronensaft schmecke ich zum Schluss ab.

5. Zum Filetieren entferne ich die obere Haut des Fischs. Das Filet wird vorsichtig von der Gräte abgelöst und auf einen vorgewärmten Teller gelegt. Die Mittelgräte hebe ich vom Schwanz des Fischs aus mit einer Gabel ab, dabei löse ich das untere Filet mit einem Löffel von der Gräte und hebe es anschließend aus der Haut. Ich lege es ebenfalls auf einen vorgewärmten Teller. Die Fenchelsauce reiche ich separat dazu.

Das Garen in der Salzkruste ist für mich die schönste Art, den Wolfsbarsch zu genießen. Dem Meersalz füge ich nur Wasser hinzu. In manchen Rezepten kommt noch ein Eiweiß dazu, doch das macht die Kruste sehr trocken und bröckelig.

Beim Garen in der Salzkruste ist das größte Risiko, den richtigen Garpunkt zu treffen. Nach 15 Minuten stecke ich ein Fleischthermometer durch die Salzkruste in den Fisch, so kann ich die Gartemperatur genau bestimmen.

Spanferkel mit Sauce Mandarine Napoléon

Meinen allerersten Kochwettbewerb habe ich 1983 mit einem Ferkelrücken mit Mandarine Napoléon gewonnen. Der Wettbewerb sollte diesen süßen, nach Mandarinen schmeckenden Likör in Luxemburg promoten. Die Herausforderung lag darin, diese Süße in ein herzhaftes Gericht zu bekommen. Mandarine Napoléon ähnelt Grand Marnier, den wir alle gern für Desserts nutzen. Ich orientierte mich an der chinesischen Küche, briet den Ferkelrücken so kross und so saftig wie möglich und konzentrierte mich auf die Sauce, wobei mir klar war, dass man mit 2 cl diesen Wettbewerb nicht gewinnen konnte …

FÜR 4 PERSONEN

FÜR DAS FLEISCH:

800 g Spanferkelrücken mit Bauchlappen
feines Meersalz
grob gemahlener schwarzer Pfeffer
2 EL grob gehackte glatte Petersilie
1 EL grob gehackte Majoranblätter
30 g weiche Butter
1 Zwiebel
3 Zweige Thymian
1 EL Olivenöl
8 Knoblauchzehen
ca. 400 ml Kalbsfond

FÜR DIE SAUCE:

2 Bio-Mandarinen
2 Bio-Limetten
1 Schalotte
1 haselnussgroßes Stück Ingwer
1 kleine scharfe Chilischote
100 ml Weißwein
100 ml Mandarine Napoléon (niederl. Mandarinen-Cognac-Likör)
200 ml Kalbsjus (ersatzweise 400 ml Kalbsfond einkochen)
50 ml japanische Sojasauce (siehe Tipp)
Salz
frisch gemahlener Pfeffer
1 Nuss kalte Butter

1. Den Backofen heize ich auf 220 °C Ober-/Unterhitze (200 °C Umluft, Gas Stufe 5) vor. Den Spanferkelrücken wasche ich und tupfe ihn mit Küchenpapier ab, bevor ich ihn innen salze, pfeffere und mit den Kräutern bestreue. Das Fleisch wird der Breite nach mit der Schwartenseite nach außen aufgerollt und alle 2 cm mit Küchengarn in Form gebunden. Die Außenseite bestreiche ich mit Butter und salze sie.

2. Die Zwiebel schäle ich und schneide sie in Viertel. Den Thymian waschen und trocken schütteln. Ich erhitze den mit Olivenöl eingefetteten Bräter, verteile Zwiebel, Thymian und den ungeschälten Knoblauch darin, lege den Braten mit der Öffnung nach unten darauf, gieße die Hälfte vom Kalbsfond an und gare das Fleisch im heißen Ofen 1 bis 1½ Stunden, bis der Braten innen heiß und die Schwarte schön knusprig ist. Während dieser Zeit das Fleisch mehrmals begießen und bei Bedarf mehr Fond angießen. Das Fleisch ist dann gut, wenn der beim Einstechen austretende Fleischsaft klar bleibt.

3. Inzwischen wasche ich für die Sauce die Mandarinen und Limetten heiß ab, reibe sie kräftig trocken und ziehe von je 1 Frucht die Schale mit einem Zestenreißer ab, bevor ich alle 4 Früchte auspresse. Ich schäle die Schalotte und den Ingwer und schneide beides mit Liebe in Würfel. Die Chili wasche ich.

4. Die Schalottenwürfel werden mit dem Weißwein aufgekocht und eingekocht. Jetzt kommt der Mandarine Napoléon dazu und muss ebenfalls etwas reduzieren, bevor ich den Kalbsjus, die Sojasauce, den Saft der Zitrusfrüchte, die Zesten, den Ingwer und die Chilischote dazugebe. Nun muss alles sirupartig einkochen. Ich streiche die Sauce durch ein feines Sieb, dann wird sie mit Salz, Pfeffer und Butter abgeschmeckt, um alle Aromen zu harmonisieren.

5. Zum Servieren schneide ich den Ferkelbraten in schöne dicke Scheiben auf und beträufle ihn mit der Sauce.

♥ *Beim Kauf von Sojasauce unbedingt auf gute Qualität ohne den Zusatz von Glutamat achten – diesen Geschmacksverstärker habe ich schon immer abgelehnt.*

Kalbsbries mit Champagnersauce

Das Bries haben wir uns bei Madame Hélène Hirtz gegönnt. Sie war Luxemburgs berühmteste Köchin und ist schon als kleines Mädchen mein Idol gewesen. Sie hatte zwei Sterne im Guide Michelin. Ihre Küche war französisch klassisch, und sie hatte sehr hohe Ansprüche an die Qualität der Produkte. Ihr Restaurant war elegant und sie kredenzte ihre Speisen auf teuerstem Porzellan und die Weine in den kostbarsten Gläsern. Sie hat das alles selbst sehr genossen und liebte es, das Gute und Schöne mit ihren Gästen zu teilen. Das habe ich von ihr gelernt.

FÜR 4 PERSONEN

600 g Kalbsbries (vom jungen Kalb)
Salz
1 Schalotte
100 ml Weißwein
200 ml Geflügelfond (siehe S. 63)
1 TL Mehlbutter (Mehl und Butter im Verhältnis 1:2)
100 g Sahne und 1 EL mehr
50 ml Champagner (ersatzweise Crémant oder Winzersekt)
frisch gemahlener schwarzer Pfeffer
1 Spritzer Zitronensaft
Speisestärke
30 g geklärte Butter

1. Das Kalbsbries wässre ich in eiskaltem Wasser. Dann blanchiere ich es in wallendem Salzwasser und schrecke es in Eiswasser ab. Alle Häute und Sehnen abziehen bzw. abschneiden. Nun trockne ich das Kalbsbries ab und presse es in in einem sauberen Tuch. Bis die Sauce fertig ist, kommt das Bries mit dem Tuch in den Kühlschrank.
2. Die Schalotte schäle ich und schneide sie klein. Zusammen mit dem Weißwein gebe ich sie in einen Topf und lasse ihn bei mittlerer Hitze reduzieren. Jetzt gieße ich den Geflügelfond dazu und lasse es nochmals reduzieren, ungefähr auf die Hälfte. Dann die Mehlbutter darunterrühren, die Sahne und den Champagner dazugeben. Mit Salz, Pfeffer und 1 Spritzer Zitronensaft schmecke ich die Sauce ab.
3. Das Kalbsbries schneide ich in Scheiben, salze und pfeffere diese und bestäube sie ganz leicht mit Stärke.
4. In einer beschichteten Pfanne erhitze ich die geklärte Butter und brate darin die Briesscheiben knusprig. Bitte nur einmal wenden! Also die erste Seite schön knusprig braten und dann erst wenden, sonst wird es nicht kross und saftig. Wenn die zweite Seite genauso schön ist, lege ich die Briesscheibe auf ein Küchenpapier, damit das überschüssige Fett aufgesogen wird.
5. Die Briesscheiben drapiere ich auf schöne Teller. Bevor die Sauce dazukommt, koche ich sie nochmals kurz auf und schlage sie mit dem Stabmixer schaumig. Nun hebe ich 1 EL geschlagene Sahne darunter und verteile sie auf die Teller.

♥ *Von Eckart Witzigmann habe ich gelernt, vor dem Servieren einen Löffel geschlagene Sahne zur Sauce geben, so bleibt sie appetitlich schaumig, und es bildet sich keine Haut.*

Rinderfilet mit Rotweinsauce

Das Wichtigste in einem Restaurant sind oft die Saucen. Eine gute Sauce kann ruhig klein sein. Ist sie groß, aber schmeckt nach nichts, verzichte ich lieber auf sie. Mit Liebe zubereitet und mit Geduld schön eingekocht, umhüllt sie das Fleisch so sanft wie ein federleichter Seidenschal den Hals im kalten Herbst wärmt.

FÜR 4 PERSONEN

FÜR DIE SAUCE:

2 Schalotten
¼ l kräftiger Rotwein
1 Zweig Thymian
zerstoßener schwarzer Pfeffer
50 g Butter
1 Prise Zucker
¼ l Kalbsfond
¼ l Geflügelfond (siehe S. 63)
feines Meersalz

FÜR DAS FLEISCH:

4 Rinderfiletsteaks (ca. 6 cm dick, 120–150 g)
40 g Butterschmalz
feines Meersalz
frisch gemahlener Pfeffer
2 EL feine Schnittlauchröllchen
1 EL feine Zwiebelwürfel
zerstoßener schwarzer Pfeffer

1. Für die Sauce schäle ich die Schalotten und schneide sie mit Liebe in feine Würfelchen. Die Hälfte der Würfelchen bringe ich mit dem Rotwein, dem gewaschenen Thymianzweig und 1 guten Prise Pfeffer in einem kleinen Topf zum Kochen. Dann reduziere ich die Temperatur auf mittlere Hitze und koche den Wein, bis seine Konsistenz fast sirupartig wird.

2. Parallel schwitze ich den Rest der Schalottenwürfel in einem kleinen Topf bei niedriger Hitze in ½ EL Butter mit dem Zucker an. Kalbs- und Geflügelfond werden angegossen und die Flüssigkeit auf ein Drittel der Menge reduziert. Die Rotweinreduktion gebe ich zum eingekochten Fond, lasse sie kurz mitköcheln und streiche die Sauce dann durch ein feines Sieb. Die restliche kalte Butter lasse ich in kleinen Stückchen in die Sauce hineinschmelzen. Mit Salz und Pfeffer abschmecken und warm halten.

3. Die Rinderfiletsteaks binde ich rundherum mit Küchengarn in Form und drücke sie mit der Handfläche etwas flach. Das Butterschmalz lasse ich in einer heißen Pfanne mit dickem Boden aufschäumen. Die Rinderfilets salzen und pfeffern, dann lege ich sie, sobald die Butter aufgehört hat zu schäumen, in die Pfanne. Die Steaks leicht anheben, damit die Butter sich darunter verteilen kann, und von beiden Seiten insgesamt 8 bis 10 Minuten medium braten. Dabei begieße ich sie immer wieder mit einem Löffel mit der heißen Butter, damit sie gleichmäßig garen und schön braun werden. Die Pfanne vom Herd nehmen und die Rinderfilets noch kurz darin ruhen lassen.

4. Ich gebe die Steaks auf vorgewärmte Teller, übergieße sie mit jeweils 2 bis 3 EL heißer Sauce. Schnittlauch und Zwiebeln werden vermischt, davon gebe ich jeweils eine gute Prise auf jedes Steak. Etwas Meersalz und zerstoßenen Pfeffer darüberstreuen und sofort servieren. Dazu passt das Kartoffelpüree à la Joël Robuchon (siehe S. 78).

♥ *Um die Sauce noch ein wenig kräftiger zu machen, gebe ich eine angedrückte Knoblauchzehe hinzu, die ich nach dem Einkochen wieder entferne. Wichtig ist, dass der Knoblauch sein Aroma nur wie einen zarten Kuss in die Sauce haucht.*

Kartoffelpüree à la Joël Robuchon

Mich hat es fasziniert, dass der beste Chef von Paris mit einem Püree, das in seiner profanen Form eigentlich jede Hausfrau kennt und zubereitet, weltberühmt wird. Das hat mir mächtig imponiert. Wie man aus einer Kartoffel etwas so Hochwertiges machen kann, habe ich mir zum Grundsatz gemacht: Du musst aus dem Einfachsten immer das Beste herausholen, dann kannst du bis ganz nach oben kommen.

FÜR 4 PERSONEN

1 kg Kartoffeln (Bintje oder Sieglinde)
Salz
200–250 g kalte, gute Butter
200 ml heiße Vollmilch

1. Ich schäle die Kartoffeln und wasche sie gründlich. Sie werden im Ganzen in kaltem Salzwasser aufgesetzt – auf 1 l Wasser rechne ich 10 g Salz –, das Wasser muss die Kartoffeln um 2 cm überragen, damit sie nicht schwarz werden. Je nach Größe dauert das Garen 25 bis 30 Minuten, bis die Kartoffeln weich sind. Wenn man sie mit der Messerspitze leicht durchdringen kann, sind sie perfekt.

2. Ich gieße die Kartoffeln sofort ab und drehe sie durch die Passiermühle, auch Flotte Lotte genannt, in einen Topf. Die Masse lasse ich auf dem Herd kurz ausdampfen und dabei etwas trocknen.

3. Nun wird die kalte Butter stückchenweise mit einem Spatel untergerührt, dabei ganz energisch vorgehen. Danach gebe ich schluckweise die heiße Milch dazu. Das Püree bekommt so eine wunderbare Textur. Noch seidiger wird es, wenn man es am Ende zusätzlich durch ein feines Sieb streicht. Nach Belieben mit Salz abschmecken.

4. Das Püree ist schon für sich ein Genuss, schmeckt aber auch zu Fleisch- und Fischgerichten ganz hervorragend.

Lammrücken im Kartoffelmantel mit Saubohnen und Möhren

FÜR 4 PERSONEN

FÜR DAS FLEISCH:

800 g festkochende Kartoffeln
6 EL Öl
2–3 EL grob gehackte glatte Petersilie
400–500 g Lammrücken (ausgelöst)
feines Meersalz
frisch gemahlener Pfeffer
50 g frisch geriebene Semmelbrösel

FÜR DIE SAUCE:

½ l Lammfond
1 Zweig Rosmarin
50 g kalte Butter (in kleinen Stücken)
feines Meersalz
frisch gemahlener Pfeffer

FÜR DAS GEMÜSE:

1 Bund junge Möhren (ca. 10 Stück)
60–80 g Butter
feines Meersalz
Zucker
2 Knoblauchzehen
ca. 400 g grüne Bohnenkerne (frisch oder tiefgekühlt)
Kerbelblätter zum Garnieren

1. Für den Lammrücken schäle ich die Kartoffeln, wasche und hobele sie in feine Streifen. Die Kartoffelstreifen werden gut ausgedrückt und mit Küchenpapier trocken getupft. Die Hälfte des Öls erhitze ich in einer großen beschichteten Pfanne und gebe die Hälfte der Kartoffelstreifen für einen etwa 0,5 cm dicken Kartoffelpuffer (etwa 24 cm Durchmesser) in die Pfanne. Ich backe den Puffer nur auf einer Seite goldbraun (siehe Tipp rechts). Den Kartoffelkuchen lasse ich mit der gebratenen Seite nach unten auf ein Küchentuch gleiten und bestreue ihn mit der Hälfte der Petersilie. Aus den restlichen Kartoffeln backe ich im übrigen heißen Öl einen weiteren Kartoffelpuffer, der ebenfalls auf ein Küchentuch gegeben und mit der restlichen Petersilie bestreut wird.

2. Den Backofen heize ich auf 220 °C Ober-/Unterhitze vor. Ein Ofengitter auf die mittlere Schiene und darunter ein Abtropfblech schieben. Das Fleisch schneide ich in 2 gleich große Stücke à 20 cm Länge. Diese salze und pfeffre ich und wende sie in den Semmelbröseln. Nun werden die Lammstücke in die Puffer gewickelt (siehe Tipp S. 82). Die Kartoffeln drücke ich sanft an und die seitlichen Enden zusammen. Die Lammrücken auf dem Gitter im vorgeheizten Backofen 15 Minuten rosa garen.

3. Für die Sauce wird der Lammfond mit dem gewaschenen Rosmarin in einem Topf bei starker Hitze auf die Hälfte eingekocht. Dann entferne ich den Rosmarin. Kurz vor dem Servieren rühre ich die Butter mit dem Stabmixer unter die Sauce und schmecke mit Salz und Pfeffer ab.

4. Während das Lamm im Ofen ist, bereite ich das Gemüse zu: Ich putze die Möhren mit Liebe, schäle und halbiere sie längs. Die Butter schäume ich in einem Topf mit dickem Boden bei mittlerer Hitze auf, füge die Möhren hinzu und würze mit Salz und 1 Prise Zucker. Der ungeschälte Knoblauch kommt mit in den Topf. Zugedeckt und bei niedriger Hitze werden die Möhren 15 Minuten langsam hellbraun geschmort bzw. karamellisiert, dabei nach 7 Minuten den Deckel abnehmen.

5. Die Bohnenkerne blanchiere ich in kochendem Salzwasser etwa 4 Minuten. Ich gieße sie in ein Sieb ab, schrecke sie kalt ab und lasse sie abtropfen. Das Fleisch nehme ich aus dem Backofen und schneide es in je 4 Scheiben. Ich richte je 2 Scheiben Lammrücken mit den Möhren und den Bohnen auf Tellern an, träufle die Sauce darüber und garniere nach Belieben mit Kerbelblättern.

Während des Backens der Kartoffelpuffer achte ich darauf, dass kein Öl auf die Oberfläche kommt. So bleiben die Ränder schön fest und haben mehr Halt, wenn der Puffer das Fleisch ummantelt. Wichtig ist, die Kartoffelstreifen während des Bratens nicht zu fest anzudrücken!

Die Lammstücke werden jeweils auf das untere Drittel der Kartoffelpuffer gelegt und mithilfe des Küchentuchs mit nur leichtem Druck darin eingerollt.

Schokoladenkuchen

Einen solchen Schokoladenkuchen habe ich erstmalig als junges Mädchen bei einem belgischen Chef gekostet. Er hat so wunderbar nach echter Schokolade geschmeckt, dass ich ihn nie wieder vergessen konnte, bis ich sein Rezept irgendwann in einem Kochbuch fand. Im Laufe der Jahre habe ich es immer weiter perfektioniert. Und schon lange bevor ich selbst Köchin und Gastgeberin im eigenen Restaurant wurde, hat jeder, der von ihm gekostet hat, genauso davon geschwärmt wie ich, als ich ihn zum ersten Mal aß.

FÜR 12 STÜCKE

200 g Edelbitterschokolade (70 % Kakaoanteil)
6 Eier
200 g Zucker
125 g gemahlene Mandeln
250 g Butter
100 g Mehl
Salz

1. Die Schokolade schmelze ich auf einem nicht zu heißen Wasserbad. Dann trenne ich die Eier und schlage die Eigelbe mit 175 Gramm des Zuckers schaumig und cremig auf, bis sich der Zucker aufgelöst hat. Ich rühre die geschmolzene Schokolade hinein, dann die Mandeln und die weiche Butter. Ist alles gut vermischt, hebe ich das gesiebte Mehl darunter.
2. Zum Schluss wird das Eiweiß mit 1 kleinen Prise Salz und dem restlichen Zucker steif geschlagen und untergehoben. Ich fülle den Teig in eine gebutterte und bemehlte Kuchenform von etwa 28 cm Durchmesser (am besten eine Pie-Form aus Porzellan) und lasse ihn – weil die Form dicker ist – 40 Minuten bei 170 °C (Umluft 150 °C, Gas Stufe 2–3) backen.
3. Der höchst leckere Schokoladenkuchen wird zum Abkühlen in der Form auf einen Rost gelegt und vor dem Servieren mit Kakao bestäubt. Vorsicht: So bestäubt, eignet er sich natürlich nicht als Geburtstagskuchen, beim Ausblasen der Kerzen fliegt sonst das schöne Kakaopulver umher …

♥ *Der Kuchen ist kinderleicht und absolut köstlich. Ich mag dazu halb fest geschlagene und mit Ahornsirup gesüßte Sahne. Wer mag, verrührt in der Sahne zusätzlich ein bisschen Whisky oder Espresso.*

Königspasteten und Crème
Caramel konnte ich
schon als kleines Mädchen.

Crème Caramel

Meine Gesellenprüfung absolvierte ich mit Bravour, denn es gab Königspastete zu machen und Crème Caramel. Meine Crème Caramel wurde echte Weltklasse, aber nur wegen des defekten Backofens. Der wurde nämlich nicht heißer als 120 °C und brauchte eine Ewigkeit, deswegen stockte die Crème so langsam, dass nachher kein einziges Bläschen zu sehen war. Denn wenn die Crème Caramel Bläschen hat, war der Ofen zu heiß und die Garung zu heftig. Ein Missgeschick kann auch mal von Vorteil sein.

FÜR 4 PERSONEN

FÜR DEN KARAMELL:

100 g Zucker
2–3 Tropfen Zitronensaft

FÜR DIE CREME:

1 Vanilleschote
½ l Vollmilch
2 Eier
4 Eigelb
100 g Zucker

1. Für den Karamell verrühre ich den Zucker mit dem Zitronensaft und 2 EL Wasser, gebe alles in eine saubere Kasserolle und bringe es zum Kochen, was 8 bis 10 Minuten dauert. Die Mischung muss kochen, bis der Zucker hellbraun wird, dann verteile ich den Karamell sofort in vier kleine Soufléförmchen und lasse ihn fest werden.

2. Den Backofen heize ich auf 180 °C Ober-/Unterhitze (Gas Stufe 3, Umluft nicht empfehlenswert) vor. Die Vanilleschote wird mit einem spitzen Messer der Länge nach eingeritzt. Die Milch bringe ich mit der Vanilleschote zum Kochen.

3. In einer Schüssel schlage ich für die Creme die Eier mit den Eigelben und dem Zucker schaumig. Die kochend heiße Milch rühre ich unter die Eiermasse, dann gieße ich die Mischung durch ein feines Sieb und verteile sie auf die Schälchen. Die Schälchen werden in eine Auflaufform gesetzt, rundherum gieße ich vorsichtig so viel Wasser an, dass die Schälchen zu zwei Dritteln im Wasser stehen. Die Schälchen kommen in den heißen Ofen und bleiben dort, bis die Eiermasse gestockt ist. Das dauert ungefähr 30 Minuten, manchmal aber auch länger (siehe Tipp).

4. Ich hebe die Form aus dem Ofen und die Schälchen aus dem Wasserbad. Nun lasse ich die Crème auskühlen und bewahre sie bis zum Servieren im Kühlschrank auf.

5. Zum Servieren stürze ich die Crème Caramel auf Teller. Dazu löse ich, sofern nötig, die Crème mit einer Messerspitze vom Rand der Schälchen. Die Karamellsauce verteilt sich über der Crème. Ein Delice! Für Schleckermäulchen gibt es einen Klecks Schlagsahne dazu.

♥ *Mit einer Messerspitze lässt sich testen, ob die Crème schon fest ist. Wobei meine Crème sich eben genau darin von anderen unterscheidet, dass sie – immer frisch gemacht – nicht zu fest und nicht zu flüssig ist. Hier kommt es auf Fingerspitzengefühl und die Vertrautheit mit dem eigenen Ofen an.*

Dem Gericht meines Lebens verdanke ich den Bocuse d'Or

Mein Lamm im Kartoffelmantel ist vielleicht nur deswegen so gut geworden, dass es den Bocuse d'Or gewonnen hat, weil ich mich zur rechten Zeit an meine Kindheit erinnert habe. Ganz wichtig war nämlich folgende Idee: Der Kartoffelmantel auf der Unterseite darf auf gar keinen Fall durch den austretenden Fleischsaft aufweichen. Deswegen muss das Lamm auf einem Kuchenrost gebacken werden, so liegt besonders wenig Druck auf der Unterseite. Als ich Kind war und die großen Lastwagen bei uns an der Tankstelle Rast machten, fragte ich meinen Vater einmal, wieso die großen Lastwagen so viele Reifen mehr haben als ein normales Auto und Vater sagte: „Je größer und schwerer so ein Lastwagen, desto mehr Räder hat er. So wird das Gewicht auf viele einzelne Punkte verteilt." Irgendwie war auf diese Idee so recht noch keiner gekommen. Ich wurde seltsam angesehen, als ich meinen Kuchenrost zum Wettbewerb mitbrachte. In der Jury saß auch Jahrhundertkoch Eckart Witzigmann: Er kam hinterher zu mir und sagte: „Das Gericht ist genial. Eine 3-Sterne-Offenbarung!"

Lieber Monsieur Paul,

ich kann es nicht anders sagen, aber Monsieur Paul, Sie sind einer der wichtigsten Menschen meines Lebens. Und das, obwohl es neben meinem Vater einige tolle Männer in meinem Leben gegeben hat, die ich treffen und schätzen durfte. Nicht zu vergessen, den einen, den ich sogar auf die Welt bringen durfte.

Richtig garen und richtig würzen – das ist Kochen.

Paul Bocuse

In jedem Beruf, bei jeder Berufung ist es ein Bestreben, besser zu werden, aber wenn man etwas in absoluter Perfektion beherrscht? Ihr Restaurant L'Auberge du Pont de Collonges ist dem Guide Michelin seit 1965 ohne Unterbrechung drei Sterne wert. Perfekt zu bleiben ist noch schwieriger als gut zu werden.

Für jeden in der Branche sind Sie eines der größten Vorbilder, Helden und Kenner und ich könnte mir keine größere Ehre vorstellen, als von Ihnen mit einem Ihren Namen tragenden Preis ausgezeichnet worden zu sein. 1989 durfte ich für meinen Lammrücken den Bocuse d'Or in Empfang nehmen. Als erste Frau und bis heute als einzige.

Sie können es mir nicht übel nehmen, dass mich das stolz macht. Sie in Gold haben mein Leben verändert.

Auch, wenn Sie leider Anfang 2018 Ihre Küche auf Erden verlassen haben, wer so überirdisch kocht, hat seine Messer mit in den Himmel genommen, denn wo immer man auf der Welt in ein Restaurant der Spitzenklasse geht, findet man Ihre genialen Einflüsse. Sie sind durch das, was Sie den Menschen gebracht und beigebracht haben, unsterblich.

Im Jahr, in dem ich Ihren bedeutenden Preis gewann, wurden Sie wie auch Eckart Witzigmann, Joël Robuchon und Frédy Giradet vom Gault Millau zum „Koch des Jahrhunderts" ausgezeichnet. Eine Untertreibung, Sie werden es auch noch in vielen weiteren Jahrhunderten bleiben.

Ich habe mir überlegt, Ihnen ein kleines Menü zu widmen. Um Sie zu ehren, um Ihnen zu danken.

Sie werden sich wiedererkennen.

Ich danke Ihnen, Monsieur Paul,
Ihre

Léa Linster
AVEC AMOUR

Überraschungseier mit Wodkasahne

Nachdem ich 1989 den Bocuse d'Or gewonnen hatte, kam mich Paul Bocuse im November desselben Jahres in meinem Restaurant besuchen. Und natürlich wollte ich ihn mit meiner Kochkunst genauso beeindrucken, wie es mir im Wettbewerb gelungen war. Ich besann mich wieder auf den Grundsatz: Mach das Einfachste zum Besten. Die Kombination aus Eiercreme und feinstem Kaviar konnte ihn tatsächlich überzeugen, er hat sie sofort geliebt.

FÜR 4 PERSONEN

80 g Sahne
2 cl Wodka
einige Tropfen Zitronensaft
feines Meersalz
35 g gebeizter oder geräucherter Lachs
8 sehr frische Eier (Größe M)
30–40 g Butter
1 Prise Cayennepfeffer
20–25 g Sevruga-Kaviar

1. Die Sahne schlage ich steif, dann schmecke ich sie mit Wodka, Zitronensaft und 1 Prise Meersalz ab. Sie wird in einen Spritzbeutel mit kleiner runder Tülle gefüllt und bis zum Servieren im Kühlschrank kalt gestellt. Der Lachs wird in feinste Würfel geschnitten und abgedeckt ebenfalls kalt gestellt.

2. Den Backofen heize ich auf 50 °C Umluft (70 °C Ober-/Unterhitze, Gas nicht möglich) vor. Die Eier öffne ich im oberen Drittel mit einem scharfen Messer oder einem Eieröffner möglichst glatt. Den Inhalt gebe ich in eine Schüssel, wasche die Schalen der 4 schönsten Eier gründlich aus und lasse sie im warmen Ofen 1 Stunde trocknen. Anschließend werden sie bis zur Verwendung warm gehalten.

3. Eigelbe und Eiweiße verquirle ich, salze sie leicht und schlage sie in einer Schüssel über einem heißen Wasserbad schaumig auf, bis sie gerade zu stocken beginnen. Die Schüssel sofort vom Dampf nehmen, die Butter in Stückchen unter die Eiermasse schlagen. Nun streiche ich die Masse rasch durch ein feines Sieb, dann schmecke ich sie mit Salz und Cayennepfeffer vorsichtig ab.

4. Zum Servieren stelle ich die getrockneten Eierschalen in Eierbecher, verteile zunächst die Lachswürfel darauf, bedecke diese mit Rührei und spritze abschließend die Sahne auf. Getoppt werden die Überraschungseier mit je 1 Löffelchen Kaviar.

Rotbarbe mit Kartoffelschuppen auf Rosmarin-Orangen-Sauce

Die Kartoffelparallele zu meinem Lammrücken (S. 80) ist Zufall! Aber siehe da, auch Paul Bocuse verwendet Bintje, eine eigentlich nicht sehr französische Sorte. Diese Rotbarbe war eines seiner Signature Dishes.

FÜR 4 PERSONEN

FÜR DEN FISCH:

- 2 Rotbarben (à ca. 350 g)
- 2 dicke Kartoffeln (am besten Bintje)
- 2 EL geklärte Butter
- 1 TL Kartoffelstärke
- 1 Eigelb
- Salz
- frisch gemahlener Pfeffer
- Olivenöl

FÜR DIE SAUCE:

- 2 Orangen
- 3 Zweige Rosmarin
- 100 ml trockener Wermut (z. B. Noilly Prat)
- 300 g Sahne
- Salz
- 1 Msp. Piment d'Espelette
- 1 Spritzer Zitronensaft (nach Belieben)

1. Die Rotbarben entschuppe ich, schneide die Filets ab und entgräte den Fisch äußerst sorgfältig mit einer kleinen Pinzette (siehe Tipp). Die Kartoffeln schäle ich, wasche sie und hoble sie in etwa 2 mm feine Scheiben. Mit dem Apfelentkerner oder einem kleinen Ausstechring steche ich kleine runde Scheiben aus, die ich kurz blanchiere, indem ich sie in einer Kasserolle mit kaltem Wasser aufsetze, zum Kochen bringe und 1 Minute gare. Abgießen, ohne abzuschrecken, dann sofort die geklärte Butter und die Kartoffelstärke untermischen.

2. Das Eigelb verquirle ich mit 1 TL Wasser, salze und pfeffre es etwas und bestreiche die Filets auf der Haut ein wenig damit. Mit der bestrichenen Seite nach oben lege ich sie nebeneinander auf einen Bogen Backpapier und dressiere die Kartoffelscheibchen vom Kopf abwärts leicht überlappend darauf. Schön exakt, als wären es die echten Schuppen, denn nur dann sieht es nachher wunderbar aus. Die Filets mit den Schuppen lasse ich 15 Minuten im Kühlschrank fest werden.

3. Inzwischen presse ich für die Sauce die Orangen aus und wasche den Rosmarin. Der Orangensaft muss mit dem Rosmarin in einem kleinen Topf einkochen, bis die Flüssigkeit fast vollständig verkocht ist. Jetzt gebe ich den Wermut dazu und reduziere auch ihn zur Hälfte. Dann gieße ich die Sahne an und lasse das Ganze noch einmal 10 Minuten köcheln, bis sie bindet. Die Sauce durch ein feines Sieb streichen, mit etwas Salz und Piment d'Espelette oder weißem Pfeffer sowie eventuell mit 1 Spritzer Zitrone würzen.

4. In einer beschichteten Pfanne erhitze ich das Olivenöl und lege die Filets mit der Schuppenseite nach unten hinein, dann ziehe ich das Backpapier ab. Die Oberseite etwas salzen und die Schuppenseite goldbraun braten, bis man an den Rändern erkennen kann, dass die Filets heller werden und gar sind. Mit einem Pfannenwender drehe ich die Filets nacheinander um und hebe alle anschließend sofort aus der Pfanne – sie werden eigentlich nur auf einer Seite gegart – und lege sie zum Abtropfen auf Küchenpapier.

5. Zum Servieren gebe ich auf jeden Teller 2 EL Sauce und lege die Rotbarbe auf. Bocuse würde zusätzlich mit reduzierter Kalbsjus dekorieren, indem er Striche und Punkte auf die Sauce setzt und mit dem Messerrücken einmal darüberfährt. Man nennt das marmorieren. Dazu passt ein Châteauneuf du Pape blanc.

♥ *Zum Entgräten benutze ich gern diese kleinen Pinzetten, die man auch zum Zupfen der Augenbrauen benutzt. Mit ihnen kann ich die Gräten viel besser fassen als mit den vergleichsweise groben Grätenzangen.*

Die klassische Tarte Tatin

Ich liebe den Boskop, er ist für mich in der Küche der wichtigste Apfel. Denn er wird ganz sicher immer weich und hat eine tolle Säure. Wichtig ist, dass die Äpfel den Boden der Form wirklich dicht auskleiden.

FÜR 4–6 PERSONEN

FÜR DIE TARTE:

- 160 g Butter und etwas mehr für die Form
- 150 g Zucker und etwas mehr für die Form
- 200 g Mehl
- 1 Ei
- 1 Prise Salz
- Saft von ½ Zitrone
- 3–4 leicht säuerliche Äpfel (z. B. Boskop)
- Puderzucker zum Bestäuben

FÜR DAS VANILLEEIS (FÜR 6 PERSONEN):

- 1 Vanilleschote
- ¼ l Vollmilch
- 110 g Zucker
- 4 Eigelb
- 250 g Sahne

1. Ich verrühre 120 g Butter in Stückchen, 50 g Zucker, Mehl, Ei und Salz mit den Knethaken des Handrührgeräts, dann knete ich alles mit den Händen, bis ein glatter Teig entsteht. In Frischhaltefolie gewickelt, muss er nun für 30 Minuten in den Kühlschrank.

2. Inzwischen schmelze ich für die Füllung die restlichen 100 g Zucker mit dem Zitronensaft in einer Pfanne. Jetzt kommt die übrige Butter hinzu und muss ebenfalls schmelzen. Ich erhitze die Masse weiter unter Rühren, bis ein hellbrauner Karamell entsteht. Eine Tarte-Form buttre ich großzügig und bestreue Boden und Rand mit Zucker, bevor ich den Karamell in der Form verteile.

3. Die Äpfel schäle ich, schneide sie in Spalten und entferne dabei die Kerngehäuse. Die Spalten werden schön kreis- oder schneckenförmig in der Tarte-Form angeordnet.

4. Den Backofen heize ich auf 180 °C Ober-/Unterhitze (160 °C Umluft, Gas Stufe 3–4) vor. Der gekühlte Teig wird bis zum Durchmesser der Form dünn ausgerollt, dann bedecke ich mit ihm die Äpfel und drücke die Ränder an den Seiten leicht nach unten. Die Tarte kommt auf der zweiten Schiene von unten etwa 30 Minuten in den heißen Ofen, bis der Teig hellbraun ist.

5. Ich stürze die Tarte noch heiß auf ein Kuchengitter, lasse sie leicht abkühlen und serviere sie warm, mit Puderzucker bestäubt. Dazu gibt es 1 Kugel Vanilleeis.

Vanilleeis

1. Ich ritze die Vanilleschote mit einem spitzen Messer der Länge nach ein und kratze das Mark heraus. Die Milch wird mit 50 g Zucker, Vanilleschote und -mark aufgekocht, dann muss sie abgedeckt 10 Minuten ziehen.

2. Inzwischen schlage ich die Eigelbe und den restlichen Zucker mit den Quirlen des Handrührgeräts schaumig auf. Langsam rühre ich die heiße Milch unter, aus der ich vorher die Vanilleschote wieder entfernt habe, und erwärme die Mischung unter Rühren bei niedriger Hitze – sie darf nicht mehr kochen, sonst gerinnt sie! –, bis sie andickt.

3. Die kalte Sahne rühre ich unter die fertige Creme, streiche die Masse durch ein feines Sieb und gefriere sie nach dem vollständigen Abkühlen 30 bis 60 Minuten, je nach Modell, in der Eismaschine.

Meine Inspirationen durch Filme und Reisen

Vom Kochbuch zum Drehbuch

Ich bin immer gern ins Kino gegangen und wenn ich einen Film sehe, suche ich mir immer eine Figur aus, von der ich denke, dass ich ihr ähneln oder auch, dass ich von ihr etwas lernen könnte. Ich habe aus Filmen viel gelernt. Zum Beispiel, meine Fantasie weiterzuentwickeln. So habe ich mir von Stimmungen, Orten oder Personen Anregungen geholt. Wenn man alles besser weiß, fällt es einem schwer, sich inspirieren zu lassen, aber wenn man Lust auf Neues, Fremdes, nie zuvor Probiertes hat, dann kann man glücklich sein, sich weiterzuentwickeln. Und so habe ich immer geguckt, was ich aus einem künstlerischen Werk wie einem Film für meine Kreativität in der Küche mitnehmen kann.

Ein wundervoller Film ist „Babettes Fest", basierend auf dem Buch „Das Gastmahl". Der Film gewann sogar einen Oscar. Er spielt im 19. Jahrhundert und es geht ungefähr darum, dass zwei schöne dänische Schwestern nach dem Tod ihres Vaters gebeten werden, die Französin Babette bei sich als Haushaltshilfe aufzunehmen. Zunächst bringen die Schwestern der Französin viele klassische skandinavische Gerichte bei, aber mit der Zeit bereichern Babettes wundervolle französische Kochkünste das dänische Dorfleben. Das Ganze gipfelt viele Jahre später in einem opulenten französischen Festmahl.

Im Jahr 2001 bekam ich die Ehre, bei einem Filmfestival in Luxemburg das Fest-Menü von Babette nachzukochen. Regisseur Gabriel Axel war selbst anwesend und unser Großherzog, der übrigens ein großer Feinschmecker ist, war Ehrengast. Insgesamt war es eine echte Herausforderung, aber auch eine tolle Bereicherung für mich. Das Schwierigste am Menü war die Schildkrötensuppe. Da man diese heute zurecht nicht mehr serviert, habe ich etwas gemogelt und eine Consommé Double großzügig mit Sherry angereichert und das Schildkrötenfleisch durch Steinpilz-Stückchen ersetzt. Die Suppe war herrlich und alle waren begeistert, so getäuscht worden zu sein.

Wie für ein gutes Gericht, gilt auch für einen guten Film: Wenn du beides besonders kreativ machst, können die Zutaten ganz einfach sein.

MEINE LIEBSTEN FILME:

1. **Julie und Julia** – Das Leben der amerikanischen Köchin Julia Child gekonnt verfilmt, wie kann mir dieser Film nicht gefallen?
2. **Es muss nicht immer Kaviar sein** – Eine Europareise, die immer wieder kulinarisch wird, ich mag das Buch noch lieber als den Film.
3. **Babettes Fest** – Wieder ein Film über eine tolle Köchin, das kann kein Zufall sein.

Muss man gesehen haben

Der Film „Julie und Julia“ mit Meryl Streep in der Hauptrolle ist wundervoll. Er stellt das Leben der amerikanischen Köchin Julia Child dar. Sie war sehr erfolgreich, hat wichtige Kochbücher geschrieben, im Fernsehen gekocht und man kann glaube ich sagen, dass sie die US-amerikanische Küche im vergangenen Jahrhundert sehr beeinflusst und verbessert hat. Sie hat eigentlich nicht vorgehabt, Köchin zu werden. Aber als ihr Mann in Frankreich arbeiten musste (ich würde natürlich sagen, durfte), fand sie Gefallen an der französischen Küche und besuchte eine Kochschule. Später hat sie im amerikanischen Fernsehen eine Show gehabt, die „The French Chef“ hieß. Tolle Frau, toller Film. Ich erkenne mich selbst an einigen Stellen wieder.

Schon als Kind habe ich im Kopf immer Filme gedreht: Vater hatte meist die Hauptrolle und war der Star.

Meine Art ist amerikanisch, mein Können ist französisch und da wo ich so sein kann, wie ich bin, ist Deutschland.

„Frankreich hat mich geprägt. Paris mein Leben verändert."

DREI, MEIN LEBEN PRÄGENDE LÄNDER

1. **Frankreich** – Ein Land, das meinen Stil zu kochen geprägt hat und in dem sich durch den Bocuse d'Or mein Leben verändert hat.
2. **USA** – Die Amerikaner gehen oft ganz anders an Rezepte heran, das ist sehr inspirierend.
3. **Deutschland** – Die Deutschen lieben mich für das, was ich mache, und was ich hier machen durfte, das kann ich nicht vergessen, egal ob meine Zeitschriftenkolumne, das Fernsehen oder so etwas wie dieses schöne Buch hier.

New York, Buzios, Singapur

Ich liebe es, zu reisen, komme aber leider viel zu selten dazu. Etwas ganz Besonderes ist es für mich jedoch, wenn ich das Reisen mit dem Kochen verbinden kann.

Ich war 1989 nach Brasilien eingeladen worden und wir hatten eine wirklich tolle Zeit. Ich wollte den kurz darauf folgenden Silvesterabend unbedingt an der Küste in Buzios verbringen. Da gefiel mir ein Hotel ganz besonders, es war schön klein, supermodern und ganz neu erbaut. Betrieben wurde es vom Architekten selbst und seiner Frau. Die beiden hatten Ahnung von der Gastronomie und sehr viel Leidenschaft dafür. Doch es kam, wie es kommen musste: Zwei Tage vor Silvester verabschiedete sich der Koch und mein Traum, richtig schön Silvester feiern zu können, war so gut wie ausgeträumt. Das wollte ich aber nicht zulassen also fragte ich die Besitzer: „Wo geht es hier zur Küche?" Der Rest ging von ganz allein. Es gab frisch gefangene Cigalen (brasilianische Bärenkrebse, ähnlich Langusten) mit Sauce Choron und meiner geliebten Hummersauce zur Wahl für alle Gäste des Hotels. 1989 war mein bislang erfolgreichstes Jahr gewesen und es endete ebenso. Wo immer ich hinkam, liebte ich es, die einheimische Küche kennenzulernen. Es war wunderbar, Neues kennenzulernen und immer, wenn es mir so ging, wusste ich, wie schön es ist, so etwas als Gast erleben zu dürfen. Dieses Glücklichsein habe ich dann immer versucht, meinen Gästen in Frisange weiterzureichen.

In Singapur durfte ich im Jahr 2000 als Gast-Chefin im Raffles Hotel zeigen, wie man in Luxemburg kocht. Natürlich habe ich mir ein schönes Menü ausgedacht: mit meinem Lammrücken Bocuse d'Or als Haupt- und mit Lachsconfit als Fischgang. Ich kannte das Hotel schon als Gast und nun hinter die Kulissen zu blicken, war einfach unglaublich.

New York war immer ein Abenteuer, aber einen Besuch habe ich besonders geliebt: Ich durfte ein Menü für die verschiedenen Parfums von Chanel kreieren. Es gab unter anderem einen Hummer „Chanel No. 5" und ein Dessert „Bleu de Chanel". Chandler Burr hat jedes Parfum vorgestellt und ich habe das passende Gericht dazu serviert. Die New Yorker haben es geliebt, es gab Komplimente ohne Ende und eine wundervolle Chanel-Tasche für mich.

Besonders kulinarische Reisen spielen sich bei mir im Kopf ab. ich denke dann: Wie würden zum Beispiel meine Freunde in Asien an ein Gericht rangehen?

Salat wie bei Babette

Vom Chef der Cinemathek erhielt ich eines Tages die Anfrage, ob ich bereit sei, zur Filmpremiere von „Babettes Fest", einem oscarprämierten dänischen Film, in Luxemburg in Anwesenheit des Regisseurs und unseres Großherzogs ein passendes Menü zu kreieren. Das habe ich als große Herausforderung empfunden und war stolz, meine Künste in diesem Rahmen präsentieren zu können. Der Film, in dem ein Festmahl in französischem Stil eine zentrale Rolle spielt, hat mich sehr fasziniert und ich mag ihn noch heute sehr.

FÜR 4 PERSONEN

FÜR DEN SALAT:

1 Herz vom Friséesalat
2 Handvoll gelber Löwenzahn
1 Handvoll Rucola
½ kleine Schalotte
1 Msp. scharfer Senf
2 EL Essig
4 EL Öl
1 Prise Salz
1 Prise frisch gemahlener Pfeffer
80 g Räucherspeck von guter Qualität
100 g Sahne
4 TL Buttercroûtons (siehe unten)
Schnittlauchhalme und Dillspitzen zum Garnieren

FÜR DIE CROÛTONS:

2 Scheiben Tramezzini-Brot oder dichtes Weißbrot
3 EL geklärte Butter
Meersalz

1. Ich verlese, wasche und trockne die Salatblätter. Bis zum Servieren bewahre ich sie, in ein feuchtes, sauberes Tuch eingewickelt, im Kühlschrank auf. Die Schalotte wird geschält und mit viel Liebe in kleine Würfelchen geschnitten.

2. Für die Vinaigrette vermische ich die Schalottenwürfel mit Senf, Essig, Öl, Salz und Pfeffer. Ich lasse sie erst einmal stehen und schneide den Räucherspeck in kleine Würfel. Die Speckwürfel werden langsam in einer Pfanne erhitzt, so lasse ich das Fett aus und brate den Speck kross an. Mit 1 Schuss Wasser ablöschen und die Sahne dazugeben. Ich lasse alles 2 Minuten köcheln, dann gieße ich die Sahne durch ein feines Sieb, und fische so die Speckstückchen wieder heraus. Die Sahne mit dem Räuchergeschmack muss nun abkühlen, bis sie nur noch lauwarm ist.

3. Den Salat fülle ich in eine Schüssel und gebe die Vinaigrette, die ich vorher noch einmal durchgerührt habe, durch ein feines Sieb darüber. So kommt zwar das Aroma, nicht aber die Stückchen von den Schalotten in den Salat. Salat und Vinaigrette werden gut gemischt und in Schälchen gegeben.

4. Zum Servieren beträufle ich den Salat mit der lauwarmen Specksahne, streue die kleinen, knusprigen Buttercroûtons darauf und garniere ihn mit Schnittlauch und Dill.

Buttercroûtons

1. Um die Croûtons gleichmäßig klein zu schneiden, friere ich die Brotscheiben 15 Minuten an. Den Backofen heize ich in der Zwischenzeit auf 160 °C Umluft (180 °C Ober-/Unterhitze, Gas Stufe 3–4) vor.

2. Mit dem großen Messer schneide ich das Brot zuerst in Streifen und dann in kleine Würfel. Die Würfel werden mit der Butter vermischt, bevor ich sie auf einem mit Backpapier oder Silikonmatte belegten Blech verteile und sparsam mit Salz bestreue. Nun backe ich sie bei im heißen Ofen 6 bis 8 Minuten – goldbraun sollen sie sein, durch und durch. Ich lasse sie abkühlen und bewahre sie bis zum Servieren auf. Frisch schmecken sie am allerbesten!

Rote-Bete-Salat mit Granatapfelkernen

Rote Bete habe ich als kleines Kind bei den Nachbarn meiner Oma kennengelernt – dort wurde wirklich alles aus der Knolle gemacht. Ich hatte damals immer ein wenig Sorge, wenn man von ihr äße, könnten meine Bäckchen dasselbe intensive Rot bekommen. Denn die Nachbarin hatte, solange ich sie kannte, immer ganz fürchterllich rote Wangen. Granatapfel und Fetakäse verleihen dem Salat orientalischen Glamour – so ist er ein wenig wie ich: bodenständig, aber immer mit der gewissen Portion Glow.

FÜR 4 PERSONEN

- 500 g Rote Beten (vorgegart und vakuumiert)
- 50 ml Weinessig (oder Melfor-Essig Traditionell)
- Meersalz
- frisch gemahlener Pfeffer
- 100 ml Schwarzer Johannisbeersaft
- 100 ml Rote-Bete-Saft
- 1 kleine Schalotte
- 4 EL feinstes Olivenöl
- 2–3 EL Granatapfelkerne
- Ziegen- oder Fetakäse zum Servieren
- 2 EL Balsamico-Essig
- fein geschnittene glatte Petersilie zum Garnieren

1. Ich tupfe die Roten Beten mit Küchenpapier trocken und reibe sie grob. Falls keine Reibe zur Hand ist, kann man sie auch in feine Juliennestreifen schneiden, auf keinen Fall aber sollte man sie hacken. Die Raspel oder Streifen mische ich in einer Schüssel mit zwei Dritteln des Essigs, salze und pfeffre und lasse das Ganze ziehen.

2. In einer kleinen Kasserolle koche ich die beiden Säfte auf und reduziere ihre Flüssigkeit bei niedriger Hitze. Dazu kommt der Saft, den die Rote Bete in der Schüssel inzwischen gezogen hat. Wenn die Flüssigkeit fast sirupartig eingekocht ist, ziehe ich den Topf vom Herd und lasse den Saft etwas abkühlen.

3. Ich schäle die Schalotte und schneide sie mit Liebe in feinste Würfelchen, dann mariniere ich sie 10 Minuten im restlichen Weinessig. Ich schlage das Olivenöl mit dem Schneebesen unter die Reduktion, bis sich Flüssigkeit und Öl zu einer Emulsion verbunden haben. Jetzt die Essigschalotten samt Flüssigkeit einrühren. Mit Salz und Pfeffer abschmecken. Den Salat mit dem Dressing vermischen und zu guter Letzt die Granatapfelkerne unterheben.

4. Zum Servieren richte ich den Salat auf kleinen Tellern an, verteile Ziegenkäsebröckchen darüber, beträufle den Salat mit dem Balsamico-Essig und garniere mit etwas Petersilie.

♥ *Der Trick bei der Verarbeitung ist, feine Essige zu benutzen, sie nehmen der Roten Bete das Erdige. Der säurearme Melfor Traditionell, der bei uns um die Ecke aus St. Ingbert im Saarland stammt, ist – mit bestem Honig und Kräutern verfeinert – einer meiner liebsten Branntweinessige.*

Poulardenbrust mit Artischocken in Gelee

FÜR 4 PERSONEN

2 Poulardenbrüste (à ca. 350 g; mit Haut)
feines Meersalz
frisch gemahlener Pfeffer
1 kleines Bund Thymian
1 Nuss Butter
2 Knoblauchzehen
20 ml heller Balsamicoessig und 1 Spritzer zum Würzen
6 Blätter Gelatine
½ l Kalbsfond
100 ml Weißwein
4 Artischockenböden, gegart
50 ml weißer Portwein
Rucolasalat und geröstetes Brot zum Servieren

1. Die Poulardenbrüste wasche ich gründlich unter fließendem kaltem Wasser und tupfe sie mit Küchenpapier gut trocken. Salzen und pfeffern. Der Thymian wird gewaschen und getrocknet.

2. Ich erhitze die Butter in einer Pfanne, gebe Thymian und Knoblauch mit Schale dazu und lasse die Poulardenbrüste darin zunächst auf der Hautseite, dann auf der Fleischseite schön sanft schmoren, damit das Fleisch weich und saftig bleibt. Dabei übergieße ich sie immer wieder mit dem Fett aus der Pfanne. Die fertig gegarten Poulardenbrüste hebe ich auf einen Teller, ziehe die Haut ab und würze noch mal mit 1 Spritzer Balsamicoessig, Salz und Pfeffer. Beiseitestellen und abkühlen lassen.

3. Die Gelatine weiche ich in kaltem Wasser ein. Den Kalbsfond koche ich kurz auf, ziehe den Topf vom Herd, schmecke den Fond mit Salz und Pfeffer ab gebe den Weißwein dazu. Nun muss der Fond weiter abkühlen. In der Zwischenzeit schneide ich die Poulardenbrüste und die Artischockenböden in gleichmäßig schöne Würfel und verteile sie in einer rechteckigen Terrine.

4. Sobald der Fond lauwarm abgekühlt ist, aromatisiere ich ihn mit 20 ml Balsamicoessig und Portwein. Die Gelatine drücke ich sorgfältig aus und löse sie in der warmen Flüssigkeit auf. Fleisch- und Artischockenwürfel in der Terrine werden mit dem Fond bedeckt und über Nacht im Kühlschrank kalt gestellt.

5. Zum Servieren schneide ich das Gelee in Scheiben und richte es auf schönen, flachen Tellern an. Dazu passen ein kleiner Rucolasalat und geröstetes Brot.

♥ *Bleibt Fond übrig, lasse ich ihn in einer kleinen Form im Kühlschrank fest werden, schneide das Gelee vor dem Servieren in Würfelchen und benutze diese als Deko.*

Eine Nuss Butter entspricht etwa einer walnussgroßen Menge Butter, je nach Rezept ein wenig mehr oder weniger – es ist wie so oft Gefühlssache.

Achte beim Kauf des Fleischs wirklich auf allerbeste Qualität. Gerade bei Geflügel ist die Fleischqualität ganz entscheidend. Mit Thymian und Knoblauch sanft gegart, bleibt das wertvolle Poulardenfleisch schön saftig-zart und wird dabei himmlisch aromatisiert.

Das riskante Stürzen der Terrine lässt sich mit einem Trick vermeiden: Bevor die Füllung hineinkommt, lege ich die Form mit Frischhaltefolie aus. So kann ich den Inhalt nach der Ruhezeit einfach herausheben. Und es kann nichts mehr schiefgehen!

Um sicher zu gehen, dass die Gelatnine schön fest wird, bereite ich das Fleisch gerne 1 bis 2 Tage im Voraus zu.

Kartoffelrösti mit gebeiztem Wildlachs und Kaviar

Eine Kartoffel, die durch meine Hand gegangen ist, ist allen Orten und Lebenslagen gewachsen. Zu knusprigen Rösti gebacken und in Kombination mit dem Wildlachs ist sie eines meiner liebsten Gerichte, das ich auf Kreuzfahrten serviere.

FÜR 4 PERSONEN

FÜR DEN LACHS (2 TAGE IM VORAUS VORBEREITEN):

- 500 g grobes Meersalz
- 350 g Zucker
- 50 g schwarzer Pfeffer, angedrückt (oder sehr grob gemahlen)
- 80 g Fenchelsamen
- 800 g Wildlachs (mit Haut, entschuppt und entgrätet; ca. 1 Lachsseite)

FÜR DIE SAHNE:

- 4 EL Crème fraîche
- 2 EL geschlagene Sahne
- 1 EL flüssige Sahne
- feines Meersalz
- ein paar Tropfen Zitronensaft

FÜR DIE RÖSTI:

- 800 g Kartoffeln (festkochend)
- feines Meersalz
- frisch gemahlener Pfeffer
- Öl zum Braten

ZUM ANRICHTEN:

- Sevruga-Kaviar (8–10 g pro Person)
- Schnittlauchspitzen zum Garnieren

1. Für den Lachs vermische ich Salz, Zucker, Pfeffer und Fenchelsamen. Ein Drittel der Beizmischung gebe ich in eine längliche Schüssel, das Lachsfilet lege ich – am besten mit der Hautseite nach unten – auf die Beize und bedecke es großzügig mit der restlichen Mischung. Mit Frischhaltefolie abdecken und im Kühlschrank je nach Dicke 36 bis 48 Stunden beizen.

2. Das Filet aus der Beize nehmen, unter kaltem Wasser gründlich abwaschen und mit Küchenpapier trocken tupfen. Den gebeizten Lachs schneide ich mithilfe eines scharfen Lachsmessers (Tranchiermesser) in schöne dünne Scheiben. Jeweils 2 bis 3 Lachsscheiben übereinanderlegen und mit einem Ausstecher von 10 cm Durchmesser 4 Kreise ausstecken.

3. Für die Sahne rühre ich die Crème fraîche glatt, schlage sie mit geschlagener und flüssiger Sahne zu einer halb festen Creme auf und schmecke sie mit Salz und Zitronensaft ab.

4. Für die Rösti schäle ich die Kartoffeln, wasche und rasple sie grob. Mit den Händen drücke ich sie gut aus, salze und pfeffre sie leicht. Etwas Öl wird in einer kleinen beschichteten Pfanne von 10 cm Durchmesser (Blini-Pfanne) erhitzt und ein Viertel der Kartoffeln darin bis zum Rand locker eingelegt. Die Rösti brate ich erst von einer Seite schön kross, dabei hebe ich sie einmal an, damit sich das Fett gut verteilen kann, dann wende ich sie und backe die zweite Seite fertig. Auf Küchenpapier abtropfen lassen und im Ofen bei 50 °C warm halten. Aus den restlichen Kartoffeln 3 weitere Röstis backen.

5. Pro Person belege ich jeweils 1 heiße Rösti mit 1 Lachskreis, garniere sie mit 1 EL Crème-fraîche-Sahne, 1 guten TL Kaviar sowie mit ein paar Schnittlauchspitzen – und serviere sie auf vorgewärmten Tellern.

♥ *Anstelle von 4 kleinen Röstis kann man auch eine große backen und aus dieser dann mit einem Ausstecher kleinere Röstis ausstechen.*

Tarte fine mit Zwiebelconfit und Shiitakepilzen

Die Idee zu dieser Tarte stammt von einer Reise, während der ich die luxemburgische Wirtschaftsdelegation nach Hongkong begleitete. Im von der französischen Küche inspirierten Restaurant Petrus des Hotels Island Shangri-La mit atemberaubendem Blick aus dem 56. Stock über die gesamte Stadt. Schließlich durfte ich bei Chef Ricardo Chaneton selbst an den Herd. Das wird mir ein unvergessliches Erlebnis bleiben.

FÜR 4–6 PERSONEN

FÜR DAS CONFIT (5 GLÄSER À 200 G):

1 kg kleine weiße Zwiebeln
50 g Butter
50 ml Olivenöl
1 Bio-Orange
100 g Zucker
100 g Honig
feines Meersalz
frisch gemahlener Pfeffer
200 ml trockener Weißwein (z. B. Riesling)
100 ml Weißweinessig
100 ml Apfelessig
100 g Korinthen
50 ml Balsamicoessig

FÜR DIE TARTE:

ca. 350 g Blätterteig (aus dem Kühlregal)
250 g Shiitakepilze
3 Schalotten
15 g Butter
1 Frühlingszwiebel
gehobelte Trüffel (nach Belieben)

1. Für das Confit schäle ich die Zwiebeln und schneide sie in feine Würfel oder Ringe. Butter und Olivenöl werden in einem Topf mit schwerem Boden erhitzt und die Zwiebeln darin bei niedriger Hitze in etwa 5 Minuten glasig und weich angeschwitzt.

2. Inzwischen wasche ich die Orange heiß, trockne sie und reibe die Schale fein ab. Die Orangenschale gebe ich mit Zucker und Honig zu den Zwiebeln, würze mit Salz und Pfeffer und lasse alles bei niedriger Hitze weitergaren. Dabei rühre ich hin und wieder um. Nach etwa 10 Minuten gieße ich den Wein sowie Weißwein- und Apfelessig an und mische die Korinthen unter. Nun muss alles 50 Minuten köcheln, zwischendurch rühre ich immer mal wieder um.

3. Wenn die Flüssigkeit so reduziert ist, dass die Zwiebeln kandieren, füge ich den Balsamico hinzu, lasse alles ein letztes Mal aufkochen und schmecke die Zwiebeln noch einmal mit Salz und Pfeffer ab. Das Zwiebelconfit verteile ich noch heiß bis zum Rand auf fünf sterilisierte Schraubgläser und lasse es bis zum nächsten Tag offen abkühlen. Erst dann schraube ich die Deckel auf und bewahre die Gläser im Kühlschrank auf.

4. Für die Tarte rolle ich den Blätterteig 3 mm dünn aus, lege ihn auf ein mit Backpapier ausgelegtes Backblech und stelle ihn 30 Minuten kalt. Inzwischen putze ich die Pilze, entferne die Stiele und halbiere oder viertle die Köpfe, je nach Größe. Die Schalotten schäle ich und schneide sie mit Liebe in feine Würfelchen. Die Butter wird in einem Topf erhitzt, dann schwitze ich die Schalottenwürfel darin bei mittlerer Hitze an. Sobald sie anfangen, Farbe anzunehmen, kommen die Pilze dazu. Mit Salz und Pfeffer würzen, dann muss die Mischung bei niedriger Hitze 10 bis 15 Minuten schmoren.

5. In dieser Zeit wird der Backofen auf 140 °C Umluft (160 °C Ober-/Unterhitze, Gas Stufe 2) vorgeheizt. Nun muss der Blätterteig im heißen Ofen etwa 15 Minuten backen, bis er kross und goldbraun ist. Ich nehme ihn heraus und lasse ihn abkühlen, dann schneide ich ihn mit einem Messer in Rechtecke (die Stücke aber noch zusammenlassen) und stelle ihn bis zum Servieren warm.

6. Die Frühlingszwiebel putze und wasche ich, dann schneide ich den grünen Teil in Ringe. Ich erhitze noch einmal so viel Zwiebelconfit, wie ich brauche, um die Blätterteigrechtecke damit großzügig zu bestreichen. Obenauf garniere ich mit den Shiitakepilzen und bestreue sie mit Frühlingszwiebeln. Bei besonderen Anlässen hoble ich zusätzlich hauchfein etwas Trüffel über die Tarte.

Confierter Lachs mit Daikon-Rettich

Diesen Lachs habe ich schon oft und gern zubereitet, für manch einen ist er eines meiner besten Rezepte. Entstanden ist die Idee dafür, als ich im Hotel Raffles in Singapur kochen durfte. Damals gab es einen Algensalat dazu, aber noch viel mehr liebe ich ihn mit Daikon-Rettich, wie hier.

FÜR 4 PERSONEN

600 g Lachsfilet (ohne Haut)
feines Meersalz
ca. 1 l Olivenöl
120 g Daikon-Rettich
2 EL Sesamöl
2 EL Reisessig
1 EL Rettichkresse

1. Den Lachs nehme ich etwa 30 Minuten vor der Zubereitung aus dem Kühlschrank, damit er bis zur Weiterverarbeitung Zimmertemperatur erreicht. Den Backofen auf 60 °C Umluft (80 °C Ober-/Unterhitze, Gas nicht möglich) vorheizen.

2. Ich wasche den Lachs unter fließendem kaltem Wasser, tupfe ihn trocken und würze ihn leicht mit Salz. Nun wird er in eine ofenfeste, flache Form gelegt und mit so viel Olivenöl begossen, dass er bedeckt ist. Ich schiebe ihn auf mittlerer Schiene in den heißen Ofen und lasse ihn dort 1 Stunde ziehen.

3. In der Zwischenzeit kümmere ich mich um den Rettich. Er wird geschält und in feine Julienne-Streifen geschnitten. Kurz vor dem Servieren mariniere ich ihn in Sesamöl und Reisessig und würze ihn mit Salz.

4. Zum Servieren lasse ich den fertig gegarten Lachs kurz auf Küchenpapier abtropfen und richte ihn dann auf Tellern an. Den marinierten Rettich setze ich obenauf und garniere ihn mit der Rettichkresse. Dazu passt beispielsweise ein feines Sellerie- oder Topinamburpüree.

♥ *Nachdem ich den Lachs mit dem Olivenöl begossen habe, hebe ich ihn immer noch einmal kurz an, damit auch ein wenig Öl unter den Fisch fließen kann.*

Lobster Chanel No. 5

Im Jahr 2010 durfte ich etwas ganz Verrücktes tun: Von Chandler Burr erreichte mich die Anfrage, ob ich für das anstehende Scent Dinner im Le Bernardin in New York, zu dem die großen Kunden von Chanel geladen waren, Gerichte passend zu den Düften des Hauses entwerfen könne. Und ob ich das konnte und wollte! Es kamen Mächtige, mächtig Reiche und Prominente – Nicole Kidman war damals gerade das Gesicht des Labels. That was the most glamorous thing I ever made.

FÜR 4 PERSONEN

FÜR DIE SAUCE:

1 Bio-Orange
1 Schalotte
100 ml Weißwein
6 schwarze Pfefferkörner
300 ml Hummer- oder Krustentierfond
¼ Vanilleschote, halbiert
1 TL Marzipanrohmasse (60 % Mandelanteil)
1 EL Butter
2 Spritzer Rosenwasser

FÜR DEN HUMMER:

1 Bio-Orange (Schale)
3 EL feinstes Olivenöl
2 EL Fenchelsamen
4 EL grobes Salz
2 große Hummer (à mind. 800 g; siehe Tipp)
feine Spitzen von Rosmarinzweigen zum Garnieren

1. Ich wasche die beiden Orangen für Sauce und Hummer heiß und reibe sie kräftig trocken. Für die Sauce ziehe ich von einer Frucht die Schale mit einem Zestenreißer ab und presse anschließend den Saft aus. Die Schalotte schäle ich und schneide sie mit Liebe in feine Würfel.

2. Der Weißwein wird mit den Schalottenwürfeln und den leicht angestoßenen Pfefferkörnern reduziert. Wenn fast alle Flüssigkeit verkocht ist, lösche ich mit dem Orangensaft ab und gebe die Zesten dazu. Nun muss die Flüssigkeit wieder auf die Hälfte einkochen, dann gieße ich den Hummerfond an, gebe die halbierte Vanilleschote dazu und lasse alles etwa 10 Minuten köcheln. Ich ziehe den Topf vom Herd, rühre die Marzipanrohmasse und die Butter ein. Salzen und pfeffern. Nun darf die Sauce ruhen, damit sich die Aromen entfalten können.

3. Inzwischen bereite ich den Hummer zu. Dazu temperiere ich das Olivenöl im warmen Backofen auf etwa 50 °C. In einem ausreichend großen Bräter koche ich viel Wasser auf. Die Schale der zweiten Orange ziehe ich ebenfalls in Zesten ab, dann gebe ich sie mit den Fenchelsamen ins gesalzene Wasser. Die Hummer werden nacheinander jeweils mit dem Kopf zuerst – damit sie so schnell wie möglich betäubt sind – mit dem ganzen Körper ins wallend heiße Wasser getaucht und garen darin 3 Minuten.

4. Die Hummer herausholen, abkühlen lassen und vom Panzer befreien. Die Scheren und die Armstücke aufschlagen und das Fleisch behutsam auslösen. Das Fleisch schneide ich in schöne Scheiben. Die Sauce streiche ich durch ein feines Sieb, erhitze sie noch einmal, rühre erst jetzt das Rosenwasser unter und schmecke noch einmal ab.

5. Zum Servieren lege ich die Hummerscheiben zu Rosetten auf die Teller, beträufle sie mit dem temperierten Olivenöl, nappiere sie mit der Sauce und garniere sie jeweils mit 1 feinen Rosmarinspitze.

♥ *Am besten den Hummer (frisch) fertig gekocht beim Fischhändler kaufen. Und bitte den Hummer nicht zu sehr durchgaren! Ist das Fleisch doch ein wenig zu lange gegart, besteht der Trick darin, es vor dem Servieren vollständig abkühlen zu lassen, dann fällt der überschrittene Garpunkt nicht mehr so sehr ins Gewicht.*

Emergency-Pasta mit Tomaten und Petersilie

Hungrige Männer können ganz schön ungemütlich werden! Auf Djerba war das 1988 der Fall: Francis hatte nach zweimal täglich Couscous Heißhunger auf Pasta! Wir mussten sie selbst machen. Auf Djerba war zu der Zeit allein das Besorgen der Zutaten eine große Herausforderung. Stunden später hatten wir alles beisammen, als Nudelholz musste eine leere Weinflasche herhalten. Wir kochten auf nur einer Flamme, aber es wurde ein unvergessliches Mahl.

FÜR 4 PERSONEN

FÜR DIE NUDELN:

1 Portion Nudelteig (siehe S. 36 und Tipp)

FÜR DIE SAUCE:

1 kg aromatische Tomaten
2–3 Knoblauchzehen
2 Bund glatte Petersilie
2 EL Butter
Salz
frisch gemahlener Pfeffer

1. Den Nudelteig bereite ich wie im Rezept beschrieben vor – wenn wegen akuten Hungers keine Zeit ist, ihn über Nacht ruhen zu lassen, reicht auch 1 Stunde im Kühlschrank.

2. Inzwischen ritze ich die Tomaten für die Sauce auf der Unterseite kreuzweise ein und überbrühe sie für 1 Minute mit kochend heißem Wasser. Die Tomaten werden gehäutet, halbiert und ohne Stielansatz klein geschnitten. Die Knoblauchzehen schäle ich und schneide sie in feine Würfelchen. Die Petersilie wird gewaschen und getrocknet. Die Blättchen zupfe ich ab und hacke sie fein. Die Stiele binde ich mit Küchengarn zusammen.

3. In einem Topf wird die Butter erhitzt und die Knoblauchwürfel darin kurz angeschwitzt. Jetzt kommen die Tomaten mit den Petersilienstielen dazu, werden gesalzen und gepfeffert und müssen mindestens 30 Minuten vor sich hinköcheln.

4. Den Nudelteig teile ich in mehrere Portionen, rolle ihn auf der leicht bemehlten Arbeitsfläche etwas in Form und drehe ihn immer dünner durch die Nudelmaschine und schneide die Platten in dünne Streifen, also in Fettuccine. (Auf Djerba haben wir das natürlich alles mit der Hand gemacht.) Die Nudeln werden ganz fein mit Mehl bestäubt und zum Trocknen aufgehängt, damit sie später beim Kochen nicht zusammenkleben.

5. Nun setze ich einen großen Topf mit reichlich Salzwasser auf und gare die Fettuccine darin portionsweise. Sind alle Nudeln fertig, kommen sie zurück in den Topf und werden direkt mit der Sauce begossen – aus der habe ich vorher die Petersilienstiele entfernt. Ich lasse alles zusammen noch einmal kurz richtig heiß werden, dann hebe ich die Petersilienblättchen unter. Mit Salz und Pfeffer noch einmal abschmecken.

6. Zum Servieren bringe ich die Pasta im großen Topf auf den Tisch, und jeder nimmt sich so viel, wie sein Hunger groß ist.

♥ *Anstelle einer Mischung aus Grieß und Mehl haben wir unsere Pasta in diesem Fall nur mit Weizenmehl gemacht. Wenn es dir so geht wie uns auf Djerba, verzichte auf keinen Fall auf die köstliche Pasta, nur weil kein Grieß im Haus ist.*

Lebersteak vom Kalb mit Bacon

Mein Vater liebte es, nach London zu reisen. Dort hatte er seine Geschäftsfreunde, aber auch noch vieles andere, was wir in Luxemburg nicht hatten. So waren wir einmal beim Hunderennen. Wir wetteten, verloren großartig und mein Vater sagte: „Wer Glück hat beim Spiel, hat kein Glück in der Liebe", und so konnten wir uns schön über den Verlust freuen. Noch mehr freuten wir uns auf das Essen, und so bekam ich ein original englisches Lebersteak mit Bacon und grünen (sehr grünen) Erbsen serviert.

FÜR 4 PERSONEN

4 Steaks aus der Kalbsleber (siehe Tipp)
1 Apfel (z. B. Boskop)
1 kleine Zwiebel
1 Stiel Minze
4 Scheiben Bacon (siehe Tipp)
250 g Erbsen
Salz
2 EL gute Butter
Ahornsirup
Salz
frisch gemahlener Pfeffer
Mehl zum Bestäuben
½ EL geklärte Butter

1. Die Leber hat rundherum eine kleine dünne Haut, die ziehe ich ab, denn sie wird beim Braten zäh. Die Steaks dürfen anschließend auf einem mit Küchenpapier ausgelegten Teller in der Küche zunächst einmal Zimmertemperatur annehmen. Inzwischen schäle ich den Apfel, schneide ihn in Achtel und entferne dabei das Kerngehäuse. Die Zwiebel schäle ich und schneide sie mit Liebe in feine Würfelchen. Die Minze wird gewaschen und trocken getupft. Die Blättchen schneide ich in feine Streifen.

2. Die Baconscheiben brate ich in einer Pfanne bei mittlerer Hitze schön langsam kross. Währenddessen werden die Erbsen in kochendem Salzwasser 2 Minuten blanchiert und sofort in Eiswasser abgeschreckt.

3. Die Apfelscheiben brate ich in 1 EL guter Butter bei mittlerer Hitze goldbraun, dann beträufle ich sie mit etwas Ahornsirup. In einer kleinen Kasserolle erhitze ich die restliche Butter und schwitze die Zwiebelwürfelchen darin glasig an. Dann kommen die Erbsen dazu und werden erhitzt. Salzen, pfeffern und mit einem Hauch Minze aromatisieren, das gibt einen schönen erfrischenden Geschmack.

4. Die Leber muss trocken sein, daher nicht salzen und nicht pfeffern, sondern nur ganz leicht mit Mehl bestäuben. In einer Pfanne erhitze ich die geklärte Butter und brate die Steaks bei starker Hitze von beiden Seiten nur kurz schön kross an. Ich ziehe die Pfanne vom Herd und lasse die Leber noch kurz durchziehen – herrlich englisch und herrlich gut.

5. Zum Servieren verteile ich die Leber auf Teller und würze sie erst jetzt – so bleibt sie wunderbar zart – und garniere sie mit dem Bacon. Äpfel und Erbsen richte ich daneben an.

♥ *Die Lebersteaks sollten aus der Spitze geschnitten und nicht zu dünn sein. Die Baconscheiben hingegen müssen schön dünn geschnitten und bitte von sehr guter Qualität sein, damit das Rezept viel Spaß macht.*

Mein Vater war ein echter Gourmet, er wusste immer, wo es das Allerbeste gab. Ich habe wunderbare Erinnerungen an England.

Aperitif für Harry

Ich glaube, kaum ein Venedig-Reisender kennt „Harry's Bar" nicht, deren Türen Giuseppe Arrigo Cipriani und Harry Pickering 1931 erstmalig geöffnet haben. Neben den Drinks ist die Bar für ihre kleinen Speisen berühmt. Das musste ich mir natürlich auch anschauen. Als ich dort saß, wurden gerade riesige Mengen schönster Artischocken geliefert. Bis heute erscheint vor meinem inneren Auge immer dieses wundervolle Bild, wenn das Gespräch auf die venezianische Institution kommt.

FÜR 1 PERSON

- 4 Eiswürfel (siehe Tipp)
- 1 Zeste von 1 Bio-Orange (alternativ ½ Bio-Kumquat)
- 4 cl Cynar
- 1 TL Bittersirup (z. B. von Monin)
- 2–3 Spritzer Angostura
- 200 ml Tonic Water (z. B. von Fever Tree)

FÜR DAS AMUSE-BOUCHE (FÜR 4 PERSONEN):

- 12 kleine Artischocken
- 1 Schalotte
- 1 kleine Handvoll feine Rucolablätter
- 2 Nuss Butter (siehe S. 108)
- Salz
- 100 ml Hühner- oder Gemüsefond
- 1 Spritzer Zitronensaft
- frisch gemahlener Pfeffer
- Olivenöl zum Braten und Anrichten

Die Eiswürfel gebe ich mit der Orangenzeste in ein schönes Longdrinkglas. Cynar, Bittersirup und Angostura lasse ich über das Eis laufen und gieße mit dem Tonic Water auf.

♥ *Anstelle von mehreren gewöhnlichen Eiswürfeln kann man auch einen einzigen dicken nehmen, wie es zurzeit in ist. Der Vorteil hierbei ist, dass das Eis nicht so schnell schmilzt und den köstlichen Drink nicht so stark verwässert.*

Amuse-Bouche

1. Die Artischocken wasche ich, dann kürze ich den Stiel auf 5 cm und die Krone auf 3 cm. Die harten Blätter unten am Kelch werden entfernt, der Stiel leicht geschält. Ich halbiere die Artischocken und steche das Heu mit einem Ausstechlöffel (Parisienne-Löffel) heraus. Die Schalotte schäle ich und schneide sie mit Liebe in feine Würfelchen. Der Rucola wird verlesen, gewaschen, getrocknet und die Blätter je nach Größe in Stücke gezupft.
2. In einer kleinen Pfanne erhitze ich 1 Nuss Butter und schwitze die Schalottenwürfel darin bei mittlerer Hitze glasig an. Nun kommen die Artischocken dazu, werden gesalzen und mit dem Fond abgelöscht. Ich lege den Deckel auf und gare die Hälften etwa 6 Minuten.
3. Ich hole die Artischocken heraus, reduziere den Jus ein wenig, dann montiere ich ihn mit der restlichen Butter. Mit Zitronensaft abschmecken, salzen, pfeffern und durch ein feines Sieb streichen. Das Olivenöl erhitze ich in einer Pfanne und brate die Artischocken darin kurz rundherum goldgelb an.
4. Zum Servieren richte ich die Artischocken mit dem Rucola auf einem Teller an, salze sie, pfeffre sie und beträufle sie mit einem Hauch Olivenöl.

Die geputzten Artischocken werden bis zur Weiterverwendung in einer Schüssel mit Zitronenwasser aufbewahrt. Das verhindert, dass sie sich während der Wartezeit verfärben.

Unter den Bitterlikören genießt der italienische Cynar Kultstatus. Seinen einzigartigen Geschmack verdankt er 13 verschiedenen Kräutern und frischen Artischockenblättern. Ich liebe ihn für seine liebevolle Bitternis – ideal zum Aperitif, das regt die Magensäfte an.

CYNAR

Erdbeereis auf Erdbeersalat

Die Spanier haben das große Glück, dass der Sommer bei ihnen schon um einiges früher beginnt als in nördlicheren Ländern und sie gerade in Andalusien schon kurz nach Jahresstart gute sonnengereifte Erdbeeren haben. Meine Aufgabe als Erdbeerbotschafterin war es, den Ruf der Frucht in ganz Europa ein wenig höher und auf das Niveau zu heben, das die spanische Erdbeere verdient hat.

FÜR 4 PERSONEN

FÜR DAS EIS:

500 g Erdbeeren
½–1 Orange
½ Zitrone
ca. 100 g Zucker (nach Geschmack und Süße der Früchte)
250 g Sahne

FÜR DEN SALAT:

300 g Erdbeeren
½–1 Bio-Orange
1–2 EL Zucker (nach Geschmack und Süße der Früchte)
einige Minzeblättchen zum Garnieren

1. Für das Eis putze ich die Erdbeeren, wasche sie und püriere sie im Standmixer oder mit dem Stabmixer. Den Saft der Orange und der Zitrone presse ich aus und gebe beide mit dem Zucker zu den Erdbeeren. Nochmals gut pürieren, dann mixe ich die Sahne unter die Mischung. Die Eismaschine verwandelt die aromatische Mischung nun in 30 bis 60 Minuten, je nach Modell, zu herrlichem Erdbeereis.

2. In dieser Zeit kümmere ich mich um den Salat. Dazu werden die Erdbeeren geputzt und gewaschen, dann schneide ich sie in kleine Würfel. Die Orange wasche ich heiß ab, trockne sie und ziehe die Schale in feinen Zesten ab, bevor ich die Frucht halbiere und den Saft auspresse. Saft und Zesten der Orange werden unter die Erdbeerwürfel gehoben, und falls nötig zuckre ich sie leicht. Den Salat lasse ich zunächst im Kühlschrank ruhen.

3. Zum Servieren verteile ich den Erdbeersalat auf Dessertteller oder Schalen, setze jeweils 1 Nocke Erdbeereis auf und garniere mit einigen wenigen Minzeblättern.

Das Schöne an einfachen Gerichten wie diesem Dessert ist, dass man nach seiner Zubereitung noch munter genug ist, um die Komplimente, die man dafür empfängt, voll und ganz genießen zu können.

Mein New York Cheesecake mit Passionsfruchtsauce

An der amerikanischen Küche hat mich schon immer die so andere Herangehensweise an Rezepte und Gerichte gereizt. Allein unseren Mürbeteig durch einen Boden aus Keksen zu ersetzen hat mich beim Cheesecake auf Anhieb fasziniert. Ich liebe ihn auch mit Zitronensauce, doch diese Variante mit Passionsfrucht ist aktuell mein absoluter Favorit. Welche Frucht sonst verkörpert schon im Namen so viel Leidenschaft?

FÜR 12–16 STÜCKE

FÜR DEN TEIG:

- 1 Ei
- 100 g Spekulatius
- 100 g Butterkekse
- 100 g Butter

FÜR DEN BELAG:

- 100 g Sahne
- 3 Eiweiß
- 75 g Zucker
- 3 Blatt Gelatine
- 50 ml Vollmilch
- 300 g Frischkäse

FÜR DIE SAUCE:

- 1 Ei
- 4–6 Passionsfrüchte
- 150 g Puderzucker
- 100 g weiche Butter

1. Den Backofen heize ich auf 150 °C Umluft vor. Für den Teig schlage ich das Ei schaumig. Die Spekulatius- und Butterkekse zerdrücke ich mit einer Teigrolle und verknete sie mit der Butter und dem Ei, bis der Teig fest genug zum Ausrollen ist. Dann rolle ich den Teig auf Backpapier dünn aus und backe ihn im heißen Ofen auf der mittleren Schiene 15 bis 20 Minuten.

2. Den fertigen Teig nehme ich aus dem Ofen und lasse ihn etwas abkühlen, bevor ich mit einem Tortenring mit 24 cm Durchmesser einen Teigkreis aussteche und diesen zusammen mit dem Ring auf eine feste Unterlage, z. B. eine Tortenplatte, setze.

3. Für den Belag wird die Sahne schön steif geschlagen, das Eiweiß mit dem Zucker in einer zweiten Schüssel zu festem Eischnee. Die Gelatine weiche ich in Eiswasser ein, erhitze sie anschließend mit etwas warmer Milch und mische sie unter den Frischkäse. Danach werden Eischnee und geschlagene Sahne vorsichtig unter den Frischkäse gehoben. Ich fülle die Masse in die Ringform – nun muss sie mindestens 1 Stunde kühl stehen.

4. Für die Sauce schlage ich das Ei schaumig. Die Passionsfrüchte werden halbiert, Kerne und Mark herausgekratzt und durch ein feines Sieb gestrichen, dabei fange ich den Saft auf und lege die Kerne für später beiseite. 80 ml Saft koche ich nun mit dem Zucker auf und lasse ihn 2 bis 3 Minuten einköcheln. Nun muss die Sauce leicht abkühlen, dann hebe ich vorsichtig die Butter, das geschlagene Ei und so viele Passionsfruchtkerne, wie ich möchte, unter.

5. Den Cheesecake garniere ich nach Lust und Laune, beispielsweise mit Zitronenmelisse, und reiche die Passionsfruchtsauce separat dazu.

♥ *Für diesen wunderbaren Cheesecake wäre mir kein Weg zu weit, hierfür lohnt sich jeder Meter. Und man muss auch gar nicht meilenweit laufen: Um ein Stück davon wieder abzutrainieren, muss ich etwa zwei Stunden flott spazieren gehen.*

Festtagskuchen

Dieser Kuchen kann die härtesten Jungs dahinschmelzen lassen. So habe ich ihn einmal dem US-Rapper Snoop Dogg, der für Aufnahmen im Tonstudio meines Bruders ganz in der Nähe meines Restaurants war, zum Abschlussessen serviert, das ich mit seinem mitreisenden Leibkoch wunderbar zusammen kochen durfte.

FÜR CA. 12 STÜCKE

FÜR DEN BISKUIT:

4 Eier
40 g Mandelmehl
50 g Kakaopulver und mehr zum Bestäuben
40 g Puderzucker
50 g Zucker

FÜR DIE KIRSCHEN:

100 g Zucker
200 g getrocknete Kirschen
5 cl Kirschwasser

FÜR DIE MOUSSE AU CHOCOLAT:

150 g Bitterschokolade (70 % Kakaoanteil)
300 g Sahne

FÜR DIE PANNA COTTA:

4 Blatt Gelatine
250 g Crème fraîche
50 g Zucker
3 EL Sahne

1. Für den Biskuit wird der Backofen auf 200 °C Ober-/Unterhitze vorgeheizt. Ich trenne die Eier. Mandelmehl, Kakao und Puderzucker werden in eine Schüssel gesiebt. Die Eigelbe rühre ich mit dem Zucker schaumig. Die Eiweiße werden zu steifem Schnee geschlagen, dann ziehe ich sofort die Eigelbmasse unter. Die Mandelmehlmischung hebe ich behutsam unter. Den Teig streiche ich dünn auf ein mit Backpapier belegtes Blech (nach Belieben in einen Backrahmen 30 × 30 cm), dann kommt der Biskuit auf mittlerer Schiene etwa 8 Minuten in den heißen Ofen.

2. Inzwischen koche ich für die Kirschen den Zucker mit 100 ml Wasser auf. Die gewaschenen Trockenkirschen gebe ich in diesen leichten Sirup und koche alles einmal auf. Ich ziehe den Topf vom Herd und lasse die Mischung 10 Minuten abkühlen, bevor ich das Kirschwasser dazugebe und alles bis zur weiteren Verwendung ziehen lasse. Der Biskuit kühlt zunächst auf dem Blech, dann auf einem Kuchengitter aus.

3. Für die Mousse hacke ich die Schokolade und schmelze sie über einem nicht zu heißen Wasserbad. Die Sahne schlage ich mittelfest. Jetzt wird zunächst ein Viertel der Sahne unter die Schokolade gehoben, bevor ich die Mischung unter die restliche Schokolade rühre und sie zum Kühlen in den Kühlschrank stelle.

4. Für die Panna cotta weiche ich die Gelatine in kaltem Waser ein. Crème fraîche und Zucker werden gut verrührt. Die Sahne koche ich auf und löse die ausgedrückte Gelatine darin auf. 3 EL Crème fraîche dazugeben und erst jetzt alles verrühren. Abschließend hebe ich die eingelegten Kirschen unter.

5. Ich halbiere den ausgekühlten Schokobiskuit zu 2 gleich großen Rechtecken. Auf eines der Biskuitrechtecke streiche ich die Kirsch-Panna-cotta glatt und lege das zweite Rechteck darauf. Nun wird die Mousse au Chocolat darauf verteilt und ebenfalls schön glatt gestrichen. Nach 2 bis 3 Stunden Kühlzeit bestäube ich den Kuchen großzügig mit Kakaopulver.

Über dem Wasserbad dauert das Schmelzen von Schokolade zwar ein bisschen, aber Geduld und Liebe werden hierbei belohnt. Gibt es doch nichts Fürchterlicheres als geronnene, grieselige Schokolade. Und wenn man dann wieder von vorn beginnen muss, sind die Leidenschaft und der vermeintliche Zeitgewinn dahin.

Meine Mousse au Chocolat kommt ganz ohne Gelatine aus. Der gut gekühlten Creme verleiht die Sahne die feste Konsistenz. Die Mousse nach der Fertigstellung bis zur weiteren Verarbeitung noch einmal in den Kühlschrank stellen. Und wer richtige Stars mit dem Kuchen verwöhnen möchte, nimmt ihn auch erst kurz vor dem Servieren fertig aus der Kühlung: Je berühmter der Gast, desto länger kann es unter Umständen dauern, bis er tatsächlich auftaucht.

Eclairs mit Schuss und Kaffeeguss

FÜR 12 STÜCKE

FÜR DEN BRANDTEIG:

125 ml Vollmilch
100 g Butter
2 TL Zucker
Salz
200 g Mehl
4 Eier

FÜR DIE FÜLLUNG:

1 Portion Crème pâtissière (siehe unten)
2 cl Kirschwasser
125 g steif geschlagene Sahne

FÜR DEN GUSS:

150 g Puderzucker
1–2 TL Instant-Kaffeepulver
1 heißer Espresso

FÜR DIE CRÈME PÂTISSIÈRE

½ l Vollmilch
125 g Zucker
4 Eigelb
ca. 80 g Weizenmehl

1. Für den Brandteig heize ich den Backofen auf 180 °C Umluft (200 °C Ober-/Unterhitze, Gas Stufe 4) vor. In einem Topf koche ich 125 ml Wasser, Milch, Butter, Zucker und 1 gute Prise Salz auf. Das gesiebte Mehl wird nun auf einmal hineingegeben. Ich rühre sofort mit einem Holzkochlöffel um, bis ein glatter Teig entsteht, der sich leicht vom Topfboden lösen lässt.

2. Den Teigkloß gebe ich in eine Schüssel und rühre nacheinander die Eier unter. Wenn der Teig in langen, dicken Spitzen vom Löffel läuft, ist er richtig. Ich fülle ihn in einen Spritzbeutel mit großer Sterntülle und spritze etwa 12 cm lange und 2 bis 3 cm dicke Teigstreifen auf ein mit Backpapier belegtes Blech.

3. Sobald die Eclairs im heißen Ofen sind, gehen sie innerhalb von 6 bis 8 Minuten schön auf. Jetzt schalte ich die Temperatur auf 160 °C Umluft (180 °C Ober-/Unterhitze) herunter und backe die Eclairs weitere 15 bis 20 Minuten – sie sollen außen schön kross und innen etwas weich sein. Nun müssen sie abkühlen, bevor ich mit dem Kochlöffelstiel ein kleines Loch auf einer Seite der Eclairs hineinbohre.

4. Inzwischen bereite ich für die Füllung meine Crème pâtissière (siehe unten) zu, gebe dabei beim letzten Aufkochen das Kirschwasser dazu und hebe nach dem Abkühlen die Sahne unter. Dann fülle ich sie in einen Spritzbeutel und spritze sie in die Eclairs.

5. Für den Guss rühre ich Puderzucker, Instant-Kaffeepulver und teelöffelweise heißen Espresso glatt, bis er die richtige dickflüssige Konsistenz hat und überziehe das Gebäck damit schön dünn.

Crème pâtissière

1. Ich verrühre 3 EL Milch und 40 g Zucker mit den Eigelben und dem Mehl zu einer glatten Masse. Die restliche Milch koche ich mit dem übrigen Zucker in einem kleinen Topf auf. Den Topf vom Herd ziehen und die Milch kurz ruhen lassen.

2. Nun rühre ich zunächst einige Löffel heiße Milch unter die Eiercreme, um dann die Creme in die heiße Milch zu rühren. Der Topf kommt wieder auf den Herd, und ich koche die Masse kurz noch einmal unter Rühren auf. Nun wird sie mit Frischhaltefolie abgedeckt und muss auskühlen.

3. Vor der Weiterverarbeitung streiche ich die Creme durch ein feines Sieb.

Meine private Küche

Kleines Sternengeheimnis

Wenn ich richtig nervös bin, koche ich etwas, bei dem ich möglichst viele Dinge klein schneiden muss. Das beruhigt mich und hat fast therapeutische Wirkung. Ich gucke mir die kleinen Gemüsewürfel dann an und freue mich, dass ich das so schön gleichmäßig gemacht habe. Ganz im Vertrauen: Der richtige Schnitt ist übrigens eines der Geheimnisse der Sterneküche. Noch ein Geheimnis der Sterneküche ist Teamarbeit. Auch die kannst du im Privaten natürlich gut einbeziehen – hätte ich beispielsweise einen Mann, dem würde ich sagen: Hier hast du mal eine schöne Gigot, also eine Lammkeule, nimm sie mit in den Garten und bereite sie auf dem Grill zu, während ich drinnen schon einmal die Beilagen mache. Am Ende wird es als Teamwork, wie im Restaurant, zusammengeführt. Voilà.

Weniger is(s)t mehr

Im Privaten koche ich immer nur Dinge, die ich wirklich liebe und das empfehle ich auch jedem anderen. Ein beliebter Fehler, den man macht, wenn größerer Besuch ansteht, ist, zu viele Zutaten zu benutzen. Das bringt einen unnötigen Druck, kostet Zeit und kann dazu führen, dass man sich mit zu vielen unterschiedlichen Garpunkten beschäftigen muss. Am Anfang also lieber wenige Zutaten nehmen und sich bei denen auf deren Qualität konzentrieren. Mach dir die Mühe und such zum Beispiel nach einem richtig tollen Schinken, wahrscheinlich wirst ihn nicht in jedem Supermarkt bekommen, also lohnt es sich, einen guten Metzger zu finden. Ich weiß, es gibt immer weniger von ihnen. Aber wo immer du suchst, probiere den Schinken und du wirst merken, wie sehr es sich lohnt, dass du ihn so lange gesucht hast. Schneide ihn zu Hause, kurz bevor die Gäste kommen, frisch auf und stell ihn auf den Tisch. Du hast den Schinken ja nicht selbst gemacht, aber wenn er gut schmeckt, werden alle begeistert von dir sein. Und du gewinnst Zeit, während sie ihn essen, noch etwas in der Küche zu tun. Aber vergiss nicht ein paar Scheiben für dich selbst abzuschneiden. Danach kannst du dich beim Hauptgang auf die wenigen Zutaten von bester Qualität konzentrieren. Schließlich noch ein Geheimtipp: Kleinigkeiten machen im Privaten das Besondere aus. Du kannst so Dinge mit wenig Aufwand noch viel besser machen. Wenn du zum Beispiel ein Kartoffelpüree oder eine Gemüsesuppe am Ende noch einmal durch ein Haarsieb streichst, werden die Gäste begeistert sein von der Textur. Und von dir sowieso.

DREI GERÄTE, DIE MAN IN SEINER KÜCHE HABEN SOLLTE

1. **Flotte Lotte** – In keiner Sprache hat dieses Gerät zum Passieren einen so schönen Namen wie im Deutschen.
2. **Ein anständiger Schneebesen** – Schneebesen sollen vieldrahtig, stabil und flexibel sein. Auch ein gescheiter Griff ist wichtig. Kurz und gut: Bitte auf Profiqualität achten. Ach übrigens: Von Hand zu schlagen hält fit und liefert höchste Präzision, da man akkurat aufhören kann.
3. **Eine richtig gute Pfeffermühle** – aus Holz mit Stahlmahlwerk von Peugeot. Alles andere könnt ihr vergessen.

Ei(n) Traum

Ich rate euch, egal, wie die Situation ist, immer ein paar Eier und Butter im Kühlschrank zu haben. Dazu noch eine Scheibe Brot, zur Not auch aus dem Tiefkühler. Du kannst die geschlagenen Eier mit etwas Sahne oder Milch verlängern, wenn es mal knapp wird. Die Butter erhitzen, bis sie schäumt, die Eier hineingeben und wenn sie stocken, mit Liebe vorsichtig von außen nach innen schieben. So ein perfekt gemachtes Rührei, am Ende noch garniert mit ein paar Kräutern aus dem Garten, am liebsten Schnittlauch, dazu frisch gemahlener Pfeffer und Meersalz auf einem getoasteten Brot, ist so unvergleichlich lecker ohne Aufwand und große Kosten zuzubereiten, dass ich oft zu Hause statt eines komplizierten Essens so ein Rühreitoastbrot esse.

MEINE DREI SCHÖNSTEN PRIVATEN ESSEN

Heilig Abend 2004

Louis war gerade einmal 14 und wollte unbedingt der Chefkoch des Festmahls sein. Ich war ganz froh das Fest einmal, sozusagen als geladener Gast, genießen zu dürfen. Sein Menü: Cremiges Risotto mit weißen Trüffeln / Rehragout mit Sauce Poivrade (aus der Restaurantküche) / Crème Brulée de Noel. Louis hatte sich aus dem Weinkeller des Restaurants eine Flasche 1989er Châteauneuf du Pape vom Château Beaucastel der Familie Perrin besorgen lassen. Es war einfach grandios und eigentlich hätte ich ihm schon damals das Restaurant anvertrauen können.

Silvester 1996 in New York, zusammen mit Alfred Biolek

Das allerschönste Neujahrsfest, das ich je hatte. Ich sollte am Beekman Place 1 für das luxemburgische Konsulat kochen, wollte aber gleichzeitig etwas bei einer Privatfeier von Alfred Biolek im Village zubereiten. Zeitlich ging das nur, weil Alfreds Party begann, als es im Konsulat schon an die Digestifs ging. Also bin ich um 22 Uhr schnell rüber in die Houston Street. Der Einkauf, den Alfred und ich für das Essen zuvor machten, war ein großer Spaß, da er mir die besten Adressen New Yorks zeigte. Der ganze Abend stand unter dem Motto: zuerst die Pflicht, dann die Kür. Beides war ein Riesenerfolg.

Sternenküche im Krankenbett

Ich wollte einer ganz lieben Freundin, die gerade im Spital lag, eine besondere Freude machen und habe ihr ihr absolutes Lieblingsessen ans Krankenbett gebracht: Galette de Saumon au Caviar. Ganz wichtig war dabei, dass die Kartoffelgalette echt heiß serviert würde. Also nahm ich einen Toaster mit und habe die Galette in ihrem Zimmer fertiggestellt. Den marinierten Lachs schnitt ich akkurat in feine runde Scheiben und klopfte den dicken Rahm mit Salz und Zitrone cremig-weich. Dazu gönnte ich ihr eine ganze Dose Kaviar, sozusagen als Allheilmittel. Dieses Essen servierte ich auf feinstem Porzellan, mit Silberbesteck und Leinenservietten. Das Schönste: Sie kam ganz schnell wieder auf die Beine.

Mengen-Lehre

Ich empfehle dir, in der privaten Küche die Dinge abzuwiegen. So bekommst du schnell ein Gefühl dafür, wie groß eigentlich ein Steak sein sollte, wenn Gäste kommen. Dann kaufst du auch irgendwann nicht mehr zu viel oder zu wenig ein und kannst die Portionen auf die Gästezahl hochrechnen. Besonders, wenn du ein paar mehr Menschen erwartest, ist das von enormem Vorteil beim Einkaufen.

Ein großes Kompliment an den Mann, der die Geschirrspülmaschine erfunden hat, er muss seine Frau sehr geliebt haben.

Powermüsli für Fitness und gute Laune

Lange Zeit habe ich nie gefrühstückt. Erst im Laufe der Zeit habe ich gelernt, dass morgens etwas Gutes, das dich fit und munter hält, gut für meine Gesundheit ist. Dieses Müsli bietet alles, was unser Körper zum Start in den Tag braucht. In weiser Voraussicht am Vorabend geplant, macht die Zubereitung morgens auch kaum noch Arbeit.

FÜR 2 PERSONEN

4 EL Haferflocken
150 ml Buttermilch
1 EL Leinsamen
3 EL Ahornsirup
1 Apfel
1 Spritzer Zitronensaft
1 Orange
10 Pistazienkerne
2 EL Naturjoghurt
2 EL Rosinen
16 Mandeln
12 Himbeeren oder Erdbeeren

1. Die Haferflocken übergieße ich am Vorabend mit der Buttermilch und lasse sie über Nacht im Kühlschrank abgedeckt einweichen. Die Leinsamen werden mit 2 EL Wasser und 1 EL Ahornsirup ebenfalls zum Einweichen über Nacht in den Kühlschrank gestellt.

2. Am nächsten Morgen schäle ich den Apfel, schneide ihn in Viertel, entkerne ihn dabei und reibe die Viertel auf der groben Seite der Reibe. Wenn man den Apfel direkt mit Zitronensaft beträufelt, bleibt er schön hell und verfärbt sich nicht. Die Orange schäle ich mitsamt der weißen Haut und schneide die Filets zwischen den Trennhäutchen heraus. Den dabei austretenden Saft fange ich auf und gebe ihn über den Apfel. Die Pistazien werden gehackt.

3. Zum Anrichten gebe ich die Haferflocken in die Mitte von zwei Tellern. Darüber verteile ich den geriebenen Apfel und setze je 1 EL Joghurt auf. Es folgen die Leinsamen und die Rosinen. Ich beträufle es mit je 1 EL Ahornsirup und bestreue das Ganze mit den gehackten Pistazien. Die Orangenfilets richte ich rundherum an, verteile Mandeln und Beeren dazwischen und genieße ein Frühstück zu zweit mit meinem Liebsten.

Strammer Max

An diesem feschen Kerl hatte ich immer besondere Freude, weil er so schön gestapelt wird. Unverzichtbar ist ein Brot, das man gut toasten kann – am besten ein gutes Ciabatta. Man kann den Max auch zum Mäxchen machen und ihn mit hübschen kleinen Wachteleiern zubereiten. Wie auch immer, das Beste ist, er ist ruckzuck fertig und das perfekte Langschläferfrühstück am Wochenende!

FÜR 4 PERSONEN

1 EL neutrales Öl
4 Eier
4 Scheiben gutes Ciabatta
1 EL Nussbutter
4 Scheiben gekochter Schinken
einige Halme Schnittlauch
Salz
frisch gemahlener Pfeffer

1. Das Öl erhitze ich bei mittlerer Hitze in einer großen beschichteten Pfanne. Nun schlage ich die Eier hinein, reduziere die Temperatur und brate sie bei niedriger Hitze ganz langsam zu schönen Spiegeleiern.

2. Inzwischen werden die Ciabatta-Scheiben im Toaster schön knusprig und goldbraun getoastet. Die Butter erhitze ich in einer zweiten Pfanne und wende die Schinkenscheiben kurz darin. Der Schnittlauch wird gewaschen und trocken geschüttelt. Dickere Halme schneide ich in Röllchen, feine Halme lasse ich ganz. Die fertigen Spiegeleier würze ich mit Salz und Pfeffer.

3. Nun geht es an die Stapelei: Das Fundament bilden die Ciabattascheiben, die ich mit einigen Tropfen Nussbutter aus der Pfanne beträufle. Es folgt der gekochte Schinken. Die Eier steche ich mit einem Anrichtering (10 cm Ø) aus und bette sie auf den Schinken.

4. Mit Schnittlauch garniert, serviere ich den Strammen Max auch als Augenschmaus.

♥ *Eine raffinierte Variante ist es, den Toast (das getoastete Brot) durch eine Kartoffelrösti (siehe S. 113) zu ersetzen, und statt Schnittlauch kann man in der Saison Trüffel darüberhobeln.*

Knusprige Brötchen

Datteln sind echt süß, so süß, dass man mit ihnen süßen kann. Und bekömmlich sind sie noch dazu – in der Butter genau der richtige Partner für meine knusprigen Brötchen.

FÜR 20–25 KLEINE BRÖTCHEN

FÜR DEN TEIG:

- 9 g frische Hefe
- 500 g Mehl (Type 550) und etwas mehr zum Bestäuben
- 2 TL feines Meersalz

FÜR DIE DATTELBUTTER: (CA. 250 G):

- 200 g getrocknete Medjool-Datteln
- ca. 50 g gute Butter

1. Ein Drittel der Hefe löse ich mit 300 ml kaltem Wasser unter Rühren auf. Ich gebe 250 g Mehl hinzu und rühre die Mischung glatt. Den Vorteig decke ich mit Frischhaltefolie ab und lasse ihn bei Zimmertemperatur mindestens 8 Stunden gehen, noch besser 1 ganzen Tag.

2. Am nächsten Tag gebe ich die übrige Hefe zerbröckelt mit 300 ml lauwarmem Wasser und dem restlichen Mehl zum Vorteig. Mit den Knethaken der Küchenmaschine verarbeitet, wird er in etwa 10 Minuten zu einem glatten, festen Teig. Das Salz hinzufügen und 2 Minuten weiterkneten, bis der Teig schön glänzt, elastisch ist und sich leicht vom Schüsselboden löst. Zu einer Kugel geformt bestäube ich ihn leicht mit Mehl und lasse ihn bei Zimmertemperatur abgedeckt 2 Stunden gehen.

3. Ich teile die Teigkugel in Viertel, forme jedes Viertel zu einem Strang von 4 cm Durchmesser und schneide ihn in 40 g schwere Stücke. Diese forme ich rasch zu länglichen, an den Enden spitz zulaufenden Brötchen, lege sie mit etwas Abstand zueinander auf ein mit Backpapier belegtes Backblech, bedecke sie mit sauberen, feuchten Küchenhandtüchern und lasse sie 1 Stunde gehen.

4. Den Backofen heize ich nun auf 250 °C (Ober-/Unterhitze, 230 °C Umluft, Gas Stufe 7–8) vor, dabei steht eine flache, feuerfeste, mit Wasser gefüllte Form auf dem Ofenboden. Die Oberfläche der Brötchen bestäube ich kurz vor dem Backen mit etwas Mehl und ritze sie mit einem scharfen Messer der Länge nach leicht ein. Nun kommen sie 20 bis 25 Minuten in den heißen Ofen, um goldbraun und knusprig zu backen (siehe Tipp). Anschließend lasse ich sie auf einem Kuchengitter abkühlen, bevor ich sie am liebsten noch lauwarm serviere.

♥ *Wenn ich nicht die ganze Menge Brötchen brauche, nehme ich sie aus dem Ofen, bevor sie zu bräunen beginnen, lasse sie auskühlen und friere sie ein. Wenn ich sie dann benötige, sind sie in 5 bis 10 Minuten fertig gebacken.*

Dattelbutter

1. Ich bringe die Datteln mit 300 ml Wasser zum Kochen und lasse sie bei mittlerer Hitze etwa 10 Minuten köcheln. Dann hebe ich sie aus dem Wasser, lasse sie etwas abkühlen, streife die Schale ab und entferne den Kern. Schalen und Kerne wieder in den Sud geben und noch 20 Minuten weiterköcheln lassen.

2. Den Sud lasse ich durch ein feines Sieb laufen, fange ihn dabei auf und lasse ihn sirupartig einkochen. Das Dattelfleisch zerdrücke ich, streiche es durch ein feines Sieb und gebe 1 EL vom fertigen Sirup dazu. Nun die Dattelpaste nach Belieben mit guter Butter mischen und glatt streichen.

Ruckzuck-Süppchen für mehr Power

Wenn ich mir schnell etwas Gutes tun möchte, bereite ich mir dieses Süppchen zu. Damit das nicht zu lang dauert, habe ich mir etwas Tolles einfallen lassen. Ein- oder zweimal pro Woche koche ich eine eher neutrale Gemüsesuppe im Voraus und bewahre sie im Kühlschrank auf. Überfällt mich dann der kleine Hunger, benötige ich von da an gerade einmal 5 Minuten, bis ich mit dem köstlichsten aller Süppchen wieder durchstarten kann.

FÜR 4 PERSONEN

FÜR DIE SUPPE:

2 Zwiebeln
200 g Knollensellerie
1 walnussgroßes Stück Ingwer
1 kleine Kurkumawurzel
1 Stange Lauch
feines Meersalz

FÜR DIE EINLAGE:

1 Bund frische Kräuter (z. B. Koriandergrün, Petersilie)
1–2 Handvoll Babyspinat
1 Spritzer Zitronensaft
frisch gemahlener Pfeffer
feinstes Olivenöl

1. Für die Suppe schäle ich Zwiebeln, Sellerie, Ingwer und Kurkuma. Zwiebeln und Sellerie werden mit Liebe in feine Würfel geschnitten, Ingwer und Kurkuma reibe ich fein. Der Lauch wird gründlich geputzt, gewaschen und der weiße bis hellgrüne Teil in Ringe geschnitten.
2. Das vorbereitete Gemüse gebe ich mit 1 TL Salz und 1 l Wasser in einen Topf, koche alles auf und gare das Gemüse bei mittlerer Hitze etwa 40 Minuten weich.
3. Ich püriere die Suppe, lasse sie abkühlen und bewahre sie als Basis bis zum Verzehr im Kühlschrank auf. Gut verschlossen und gekühlt hält sie sich 2 bis 3 Tage.
4. Wenn der Hunger kommt, wasche und trockne ich für die Einlage Kräuter und Spinat. Die Kräuterblättchen zupfe ich von den Stielen, den Spinat verlese ich zusätzlich. Die Suppe koche ich in einer Kasserolle auf, dann fülle ich sie in den Standmixer oder arbeite mit dem Stabmixer weiter. Kräuter- und Spinatblätter kommen nun in die Suppe und werden mit ihr noch einmal fein püriert. Mit Zitronensaft, Salz und Pfeffer abschmecken.
5. Zum Servieren verteile ich die Suppe auf tiefe Teller und gebe einen Löffel feinstes Olivenöl obenauf.

♥ *Die Einlage für dieses schnelle Süppchen kann man ganz nach Lust und Laune oder je nachdem, was gerade im Kühlschrank ist, variieren.*

Duett von Bohnen- und Erbsenpüree mit Sesamöl

FÜR 4–6 PERSONEN

FÜR DAS BOHNENPÜREE:

250 g getrocknete Cannellini-Bohnen
1 l Geflügelfond (siehe S. 63)
1 Blatt Lauch (ca. 15–20 cm lang)
3 Stiele glatte Petersilie
1 Zweig Thymian
1 kleines Lorbeerblatt
½ Zwiebel
2 Knoblauchzehen
50 g Sahne
50 g kalte Butter, in Stückchen

FÜR DAS ERBSENPÜREE:

500 g zarte Erbsen (1–1,2 kg Erbsenschoten)
feines Meersalz
1 gute Prise Zucker
100 g Sahne
etwas Geflügelfond (siehe S. 63)
75 g kalte Butter, in Stückchen

ZUM ANRICHTEN:

gutes geröstetes Sesamöl (alternativ feinstes Olivenöl)

1. Für das Bohnenpüree weiche ich die getrockneten Bohnen über Nacht in kaltem Wasser ein. Am nächsten Tag wasche ich sie mehrmals kalt ab, lasse sie abtropfen und gebe sie in einen großen Topf. Ich gieße den Geflügelfond an und bringe ihn mit den Bohnen zum Kochen. Lauch, Petersilie und Thymian werden gewaschen, dann schlage ich die Petersilienstiele und den Thymian mit dem Lorbeer in das Lauchblatt ein und binde das Päckchen mit Küchengarn zu einem Bouquet garni zusammen.

2. Ich schäle die Zwiebel, halbiere die Knoblauchzehen und entferne den grünen Keim. Bouquet garni, Zwiebel und Knoblauch gebe ich mit zu den Bohnen und lasse das Ganze bei niedriger Hitze 1 Stunde köcheln, bis die Bohnen ganz weich sind. Falls die Flüssigkeit zu stark eingekocht ist, noch etwas Fond oder Wasser angießen.

3. Inzwischen verlese ich für das Erbsenpüree die Erbsen, die ich bei Verwendung ganzer Schoten vorher aus den Schalen gepalt habe. Dann gare ich sie in Salzwasser mit dem Zucker etwa 5 Minuten weich. Abgießen und zusammen mit der Sahne im Standmixer oder mit dem Stabmixer glatt pürieren. Falls das Püree zu dick ist, gebe ich etwas Geflügelfond dazu und mixe noch einmal durch. Das Püree wird mit Salz abgeschmeckt, durch ein feines Sieb gestrichen und kommt zurück in den Topf.

4. Aus den weichen Bohnen entferne ich die Gewürze, gieße die Bohnen ab und fange dabei den Sud auf. Im Standmixer oder mit dem Stabmixer werden sie mit 1 Schuss vom Fond und der Sahne aufgemixt und möglichst glatt püriert. Das Püree soll schön geschmeidig und fest sein, dann streiche ich es durch ein feines Sieb.

5. Beide Pürees erwärme ich noch einmal unter Rühren bei niedriger Hitze in ihrem jeweiligen Topf, bevor ich die Butter in kleinen Stückchen unterrühre und noch einmal mit Salz abschmecke.

6. Zum Servieren richte ich beide Pürees zusammen auf Tellern an – je nach Lust und Laune in leicht ausgestrichenen Klecksen, die sich wie Yin und Yang aneinanderschmiegen. Oder ich fülle die Pürees in Spritzbeutel und dressiere sie in Tupfern auf die Teller, bevor ich sie mit gutem Öl beträufle.

Weißer und grüner Spargel mit Morcheln

FÜR 4 PERSONEN

FÜR DEN SPARGEL:

- 500 g grüner Spargel (ca. 12 Stangen)
- 600 g weißer Spargel (ca. 12 Stangen)
- ⅛ l Geflügelfond (siehe S. 63)
- feines Meersalz
- Zucker

FÜR DIE MORCHELN:

- 300 g frische Morcheln
- 20 g Butter
- feines Meersalz
- 4 cl trockener Sherry
- 100 ml Geflügelfond (siehe S. 63)

ZUM ANRICHTEN:

- 60–80 g Butter
- 3 EL geschlagene Sahne

1. Vom Spargel schneide ich die holzigen Enden ab, den weißen Spargel schäle ich mit einem Spargelschäler gründlich, den grünen Spargel schäle ich nur im unteren Drittel. Die Stangen kürze ich dann alle gleichmäßig auf etwa 20 cm Länge. Die weißen Stangenabschnitte werden in einem kleinen Topf im Geflügelfond sehr weich gekocht, mit einem Stabmixer püriert, durch ein feines Sieb passiert und mit Salz abgeschmeckt. Die Sauce beiseitestellen.

2. Den grünen Spargel koche ich in reichlich Salzwasser etwa 8 Minuten bissfest. Ich schrecke ihn in gesalzenem Eiswasser ab, lasse ihn gut abtropfen und lege ihn auf Küchenpapier.

3. Den weißen Spargel koche ich 15 Minuten vor dem Servieren in Salzwasser mit 1 guten Prise Zucker etwa 12 Minuten – je nach Dicke des Spargels – weich, aber nicht zu weich.

4. In der Zwischenzeit schneide ich die Stiele der Morcheln ab. Die Köpfe wasche ich mehrmals in kaltem Wasser, damit alle Sandreste entfernt werden. Ich lasse sie abtropfen, trockne sie zwischen zwei Lagen Küchenpapier und halbiere sie je nach Größe. Die Butter wird in einer Pfanne aufgeschäumt, die Morcheln dazugegeben, leicht gesalzen, kurz angeschwitzt und mit Sherry abgelöscht. Den Geflügelfond gieße ich dazu und lasse das Ganze bei milder Hitze schmoren, bis der Fond fast eingekocht ist.

5. Den grünen Spargel erwärme ich in einer Pfanne mit 30 g Butter. Die restliche Butter schmelze ich. Den weißen Spargel hebe ich aus dem Wasser und lasse ihn kurz auf einem Küchentuch abtropfen. Jeweils 3 bis 4 grüne und weiße Spargelstangen lege ich nebeneinander auf vier vorgewärmte Teller. Die weißen Stangen streiche ich mit der Butter ein. Die Spargelsauce wird erhitzt, die geschlagene Sahne untergehoben und quer über die Spargelstangen geträufelt. Die Morcheln verteile ich darüber und serviere.

Tatar vom Thunfisch

Der Vorteil bei Thunfisch ist, dass die Köchin gar nicht mehr viel tun muss, um ein exzellentes Tatar servieren und auch selbst genießen zu können. Die Qualität des Fischs geht hier allerdings über alles!

FÜR 4 PERSONEN

FÜR DAS TATAR:

320 g Thunfisch (Sushiqualität)
1 EL geröstetes Sesamöl
feines Meersalz
frisch gemahlener Pfeffer
einige Spritzer Sojasauce (siehe Tipp S. 72)
einige Spritzer Zitronensaft
frischer Ingwer
4 kl. EL Wasabimayonnaise (siehe unten)
einige Blättchen Koriandergrün

FÜR DIE MAYONNAISE:

2 sehr frische Eigelb
1 EL Reisessig
½ Msp. scharfer Senf
200 ml Traubenkernöl
1–2 TL Wasabi
1 Spritzer Zitronensaft
Salz
Piment d'Espelette

1. Den Thunfisch schneide ich mit einem großen scharfen Messer zuerst in Scheiben. Die Scheiben werden wiederum in Streifen und die Streifen in kleine Würfelchen geschnitten.

2. Die Thunfischwürfel vermische ich in einer Schüssel mit dem Sesamöl, salze sie, pfeffre sie und würze sie mit Sojasauce. Nach Geschmack mit ein paar Spritzern Zitronensaft abschmecken und etwas frisch geriebenen Ingwer untermischen.

3. Ich streiche auf vier kleinen Tellern jeweils 1 kleinen Klecks Wasabimayonnaise aus. Darauf richte ich das Thunfischtatar zum Beispiel in schönen Nocken hübsch an. Obendrauf kommen ein paar Korianderblättchen.

Wasabimayonnaise

1. Die Eigelbe mixe ich in einem hohen Rührbecher mit Reisessig und Senf mit dem Stabmixer auf, dabei lasse ich das Traubenkernöl erst tropfenweise, dann in einem feinen Strahl einfließen, bis eine schöne, cremige Mayonnaise entsteht.

2. Abschließend mixe ich nach Belieben Wasabi unter und schmecke die Mayonnaise mit Zitronensaft, Salz und Piment d'Espelette ab.

Entenbrust nach Louis mit Feigen und Glühweinsauce

FÜR 4 PERSONEN

FÜR DIE SAUCE:

- ½ l kräftiger Rotwein
- 1 Bio-Orange
- ½ Zimtstange
- 1 Sternanis
- 20 g Zucker
- 40 g Butter
- Salz
- frisch gemahlener Pfeffer

FÜR DIE ENTENBRUST:

- 4 Entenbrustfilets (am besten von der Blutente)
- feines Meersalz
- frisch gemahlener Pfeffer
- 60 ml Ahornsirup

FÜR DIE FEIGEN:

- 4 Feigen
- 1 Nuss Butter (siehe S. 108)
- 4 EL Ahornsirup

1. Für die Sauce aromatisiere ich in einem Topf schon am Vortag den Rotwein. Ich wasche die Orange heiß ab, reibe sie kräftig trocken und ziehe von der Schale mit einem Zestenreißer schmale Streifen ab. Die Streifen kommen mit Zimt, Sternanis und Zucker zum Rotwein, der nun für 24 Stunden abgedeckt im Kühlschrank ruhen muss.

2. Am nächsten Tag koche ich den Rotwein im Topf auf und erhitze ihn bei niedriger Hitze etwa 1 Stunde – er darf allerdings nicht kochen! Wenn er schön durchgezogen ist, gieße ich den Wein durch ein feines Sieb, gebe ihn zurück in den Topf und lasse ihn bei mittlerer Hitze auf die Hälfte der Menge einkochen.

3. Inzwischen heize ich für die Entenbrust den Backofen auf 180 °C Ober-/Unterhitze (160 °C Umluft, Gas Stufe 3) vor. Ich pariere die Entenbrustfilets und schneide das kleine Filet an der Innenseite ab. Die Fetthaut wird mit einem scharfen Messer rautenförmig eingeritzt, dann werden die Filets von beiden Seiten gut gesalzen und gepfeffert.

4. Die Feigen schneide ich am Stielansatz kreuzförmig ein und ziehe die Schale aller 4 Zipfelchen etwas nach außen. Die Feigen werden in eine feuerfeste Form gesetzt, dann lege ich je 1 Butterflocke auf und beträufele sie mit je 1 EL Ahornsirup.

5. Ich erhitze die 60 ml Ahornsirup für die Entenbrust in einer großen Pfanne bei starker Hitze und lege die Filets mit der Hautseite nach unten hinein, hebe sie dann aber noch einmal ganz kurz an, damit der Ahornsirup darunterlaufen kann und sie gleichmäßig darin braten. Nach 6 Minuten die Filets wenden und weitere 3 Minuten braten. Ich lege die Filets auf den Gitterrost des heißen Ofens und schiebe die Pfanne darunter. Die Feigen in ihrer Form kommen daneben, so gare ich beides 10 Minuten und übergieße das Fleisch dabei immer wieder mit Ahornsirup.

6. Unter die reduzierte Glühweinsauce rühre ich die Butter in kleinen Stückchen und gebe 2 EL Ahornsirup aus der Fleischpfanne dazu. Mit Salz und Pfeffer abschmecken. Die Entenfilets nehme ich aus dem Ofen, lasse sie noch kurz ruhen und schneide sie dann in Scheiben auf.

7. Zum Servieren richte ich die Filets in leicht versetzt angeordneten Scheiben auf den Tellern an, setze die Feigen daneben und beträufle das Fleisch mit der Glühweinsauce.

Durch die Einschnitte in der Fetthaut gelangt das Fett an die Oberfläche und sorgt so für eine lecker krosse Haut. Beim Einschneiden nur die Haut einritzen, nicht ins Fleisch schneiden!

Beim Einkauf darauf achten, dass die Früchte bei leichtem Druck nur wenig nachgeben. Sie dürfen auf keinen Fall matschig sein. Auch die Schale zeigt den Reifegrad: Je dunkler, desto reifer und auch süßer.

Kalbssteaks mit frittierten Salbeiblättern

FÜR 4 PERSONEN

FÜR DIE FRITTIERTEN SALBEIBLÄTTER:

- Öl zum Frittieren
- 20 schöne Salbeiblätter
- feines Meersalz

FÜR DAS FLEISCH:

- 4 schöne Steaks aus dem Kalbsrücken (3–4 cm dick, à 180 g)
- feines Meersalz
- frisch gemahlener Pfeffer
- 50 g Butter
- 1 Knoblauchzehe
- 4 frische Salbeiblätter

FÜR DEN KALBSJUS:

- 80 ml Marsala (sizilianischer Süßwein)
- 600 ml Kalbsfond
- 15 g Butter
- feines Meersalz
- frisch gemahlener Pfeffer

ZUM ANRICHTEN:

- 4–5 EL Erbsenpüree (siehe S. 154)

1. Für die Salbeiblätter reichlich Öl in einer Fritteuse oder einer großen Pfanne auf 160 bis 170 °C erhitzen. Die Salbeiblätter wasche ich, trockne sie sorgfältig und frittiere sie nacheinander im heißen Fett 20 Sekunden (Achtung: Spritzgefahr). Die Blätter sollten dann kross, aber noch grün sein. Mit einer Schaumkelle nehme ich sie aus dem Öl und presse sie sofort zwischen zwei Lagen Küchenpapier, damit sie schön flach bleiben.

2. Die Kalbssteaks drücke ich leicht flach, salze und pfeffre sie und bringe 50 g Butter in einer Pfanne mit dickem Boden oder einer großen Kokotte aus Gusseisen zum Schäumen.

3. Sobald die Butter aufhört zu schäumen, lege ich die Kalbssteaks ein. Ich brate sie erst von einer Seite in 5 bis 7 Minuten goldbraun an bzw. lasse sie leicht karamellisieren, wende sie, gebe den Knoblauch dazu, lege je 1 Salbeiblatt auf ein Steak und brate es weitere 4 bis 5 Minuten rosa. Dabei wird das Fleisch immer wieder mit Butter begossen. Steaks und Knoblauch nehme ich aus der Pfanne und halte sie auf einem Gitter bei 50 °C im Ofen warm.

4. Für den Jus gieße ich das Bratfett aus der Pfanne und stelle es beiseite. Den Bratensatz lösche ich mit Marsala ab und reduziere ihn sirupartig. Den Kalbsfond gebe ich dazu und koche diesen auf ein Drittel ein (er kann auch schon vorher separat reduziert werden).

5. Der Jus wird durch ein feines Sieb gegossen und sowohl die aufgefangene Butter wie auch die frische Butter hineingegeben und geschmolzen. Ich schmecke mit Salz und Pfeffer ab.

6. Das Erbsenpüree erwärme ich bei milder Hitze in einem kleinen Topf. Die Kalbssteaks richte ich auf vier vorgewärmten Tellern an, gebe je 1 EL Erbsenpüree darauf, stecke jeweils 3 Salbeiblätter in das Püree und umgieße das Fleisch mit dem Kalbsjus. Zu den Kalbssteaks passen gut blanchierte, in Butter geschwenkte Zuckerschoten und Eiszapfen (weiße, längliche Radieschen).

Linsensalat mit geräucherter Entenbrust und Sardellen-Croûtons

Mit diesem Gericht hat in den 1990er-Jahren unser damaliger Wirtschaftsminister in Lothringen den Wettbewerb „Poêle d'Or" gewonnen, an dem Journalisten und Promis aus der Politik teilnahmen und in dessen Jury ich zu dieser Zeit saß. Der Salat ist so wunderbar einfach und mit der Entenbrust doch so edel – einmal habe ich ihn auch für den Großherzog zubereitet.

FÜR 4 PERSONEN

- 200 g Puylinsen
- 60 g Zwiebel
- 60 g Möhre
- ½ Knoblauchzehe
- Salz
- 1 kleines Bouquet garni
- 4 Sardellenfilets von guter Qualität
- 1 sehr frisches Eigelb
- ca. 10 EL Olivenöl
- 8 Scheiben Baguette (1 cm dick)
- 4 Kirschtomaten
- 1 Schalotte
- 4 EL Weißweinessig
- 1 TL scharfer Senf
- frisch gemahlener Pfeffer
- 1 EL gehackte Kapern
- 20–24 Scheibchen geräucherte Entenbrust

1. Ich wasche die Linsen gründlich, gieße sie ab und bringe sie in einem Topf mit 1 l kaltem Wasser zum Kochen. Dabei immer wieder den Schaum abschöpfen. Parallel schäle ich Möhre, Zwiebel und Knoblauch und schneide sie mit Liebe in feine Würfelchen. Wenn die Linsen richtig kochen, salze ich sie und gebe das Bouquet garni mit den Gemüsewürfelchen dazu. Nun muss das Ganze bei mittlerer Hitze etwa 35 Minuten köcheln. Sobald die Linsen gar sind, gieße ich sie ab, lasse sie gründlich abtropfen, nehme das Bouquet garni wieder heraus und stelle die Linsen kalt.

2. Wenn die Sardellenfilets zu salzig sind, wässere ich sie kurz und tupfe sie mit Küchenpapier ab. Nun werden sie mit dem Eigelb in einem hohen Rührbecher mit dem Stabmixer fein püriert, dabei gebe ich nach und nach 4 EL Olivenöl dazu.

3. Ich heize den Backofen auf 180 °C Ober-/Unterhitze (160 °C Umluft, Gas Stufe 3) vor. Die Baguettescheibchen bestreiche ich mit etwas Olivenöl und lasse sie im heißen Ofen auf der mittleren Schiene etwa 10 Minuten kross werden.

4. Inzwischen wasche ich die Kirschtomaten und halbiere sie. Die Schalotte wird geschält und in feinste Würfelchen geschnitten. Ich verrühre 4 EL Olivenöl, Essig, Senf und die Schalottenwürfelchen in einer Schüssel, dann salze und pfeffre ich die Vinaigrette. Linsen und Kapern kommen dazu, dann wird alles gut vermischt.

5. Zum Servieren gebe ich den Salat auf einen großen Teller und richte die Entenbrustscheibchen darauf an. Die krossen Brotscheiben lasse ich kurz etwas abkühlen, dann bestreiche ich sie mit der Sardellenpaste, belege sie hübsch mit den Tomatenhälften und richte sie zum Salat an.

♥ *Das Gute an Puylinsen ist: Sie schmecken nicht nur köstlich, sondern sind auch unkompliziert, denn man kann sich bei ihnen das lästige Einweichen vor dem Garen sparen.*

Crème brulée

Die Crème brûlée war schon vor 35 Jahren mein erstes, weltbestes Dessert – in allen Zeitungen und weit über die Landesgrenzen Luxemburgs hinaus wurde sie gelobt. Das, was sie von anderen Rezepten abhebt, ist, dass ich sie kurz vor dem Servieren immer, wirklich immer frisch zubereitet habe: Nothing can beat freshness.

FÜR 4–6 PERSONEN

FÜR DIE CREME:

125 g Vollmilch
375 g Sahne
150 g Zucker
9 Eigelb
1 Vanilleschote, halbiert
brauner Zucker

1. Milch, Sahne, Zucker und Eigelbe verrühre ich gut miteinander. Die Vanilleschote kratze ich mit einem kleinen Messer aus und rühre das Mark mit unter die Sahnemischung. Das Ganze lasse ich mindestens 1 Stunde, am besten über Nacht, bedeckt im Kühlschrank ruhen.
2. Den Backofen heize ich auf 100 °C Umluft vor.
3. Die Mischung wird durch ein feines Sieb gegossen und in vier bis sechs flache, ofenfeste Förmchen aufgeteilt. Die Cremes lasse ich im Ofen etwa 1 Stunde stocken. Ich nehme sie aus dem Ofen und lasse sie im Kühlschrank 2 bis 3 Stunden durchkühlen.
4. Kurz vor dem Servieren bestreue ich die Oberfläche der Cremes gleichmäßig mit braunem Zucker und karamellisiere ihn mithilfe eines Flambierbrenners. Sofort servieren.

Meine berühmten Mandelhippen

Seit Anfang an war mein großer Stolz, dass ich das einzige Restaurant weit und breit hatte, in dem ich alle Desserts wirklich selbst machte. Nur eine Art Petit four fehlte mir und ich überlegte, was ich tun könnte, um auf die Schnelle und vor allem immer frisch ein knuspriges, duftendes Gebäck nachliefern zu können. Da ich für die Crème brûlée so berühmt war und sie dauernd machen musste, hatte ich massenweise Eiweiß übrig. Das war perfekt für die Hippen und sie wurden zu einer meiner Geheimwaffen. Der Teig ließ sich perfekt vorbereiten und gekühlt eine ganze Weile aufbewahren. So konnte ich jederzeit mit frischen, knusprigen Hippen glänzen.

FÜR 40–50 STÜCKE

- 200 g Mandelblättchen
- 185 g Zucker
- 30 g Mehl
- 110 g Eiweiß (3–4 Stück)
- 40 g flüssige Butter
- Milch zum Befeuchten der Gabel

FÜR DAS ANANAS-BASILIKUM-SORBET (FÜR 4 PERSONEN):

- 1 große süße Ananas
- ½ Bund Basilikum
- 1 Limette
- 200–250 g Zucker

1. Den Backofen heize ich auf 160 °C Umluft (180 °C Ober-/Unterhitze, Gas Stufe 3) vor. Mandelblättchen, Zucker und gesiebtes Mehl werden in einer Schüssel gemischt, bevor ich die leicht verquirlten Eiweiße unterrühre, die Butter hinzufüge und alles gut vermenge.

2. Mit einem Löffel setzte ich mit genügend Abstand jeweils walnussgroße Teighäufchen auf mit Backpapier ausgelegte Backbleche. Die Häufchen drücke ich mit einer Gabel zu 2 mm dünnen Kreisen platt. Die Gabel dafür immer wieder in Milch tauchen, damit der Teig nicht daran kleben bleibt (siehe rechts).

3. Die Hippen im heißen Ofen blechweise auf mittlerer Schiene 8 bis 10 Minuten gerade hellbraun backen. Ich nehme sie heraus, löse sie mit einer Palette noch heiß vom Blech und lege sie in eine Hippenform oder lasse sie über ein Nudelholz gelegt abkühlen. Sobald sie fest sind, kommen sie zum Auskühlen auf ein Kuchengitter.

4. Zum Servieren verteile ich die Hippen auf Teller und setze jeweils 1 Kugel Eis, zum Beispiel das Ananas-Basilikum-Sorbet, auf. Die fertigen Hippen halten sich luftdicht verschlossen bis zu 6 Tage.

Ananas-Basilikum-Sorbet

1. Ich schäle die Ananas, schneide sie in Viertel und entferne den harten Strunk. Das Fruchtfleisch wird in Würfel geschnitten und im Standmixer oder mit dem Stabmixer fein püriert. Von den gewaschenen und getrockneten Basilikumstielen zupfe ich die Blätter ab und schneide sie fein. Die Limette halbieren und den Saft auspressen.

2. Ich streiche das Püree durch ein feines Sieb und gebe je nach Süße der Frucht Zucker dazu. Dann rühre ich Basilikum und Limettensaft unter. Nun muss die Masse zum Gefrieren 30 bis 60 Minuten, je nach Modell, in die Eismaschine. Bis zum Servieren bewahre ich das Sorbet im Tiefkühlfach auf.

Die Gabel vor jedem Einsatz in Milch tunken. So bleibt nichts an der Gabel hängen und die Milch sorgt zusätzlich für einen schönen Glanz der Hippen.

Die Hippen bekommen ihre typische Form, indem man sie noch heiß über ein Nudelholz oder eine Hippenform drückt. Wer beides nicht zur Hand hat, kann sie zum Beispiel auch über einer sauberen Glasflasche in Form bringen.

Meine berühmten Madeleines

Sie waren die Lieblingsküchlein der 2005 verstorbenen Prinzessin Joséphine-Charlotte von Belgien – und sie war wirklich sehr anspruchsvoll. Ihre Liebe zu meinen Madeleines hat mir die Courage gegeben, sie berühmt zu machen! Es gibt Millionen von Rezepten dieses Gebäcks – mein Geheimnis ist, dass sich der Teig vor der Weiterverarbeitung einen Tag lang im Kühlschrank ausruhen darf.

FÜR 12 STÜCK

100 g Puderzucker
60 g Mehl und etwas mehr zum Bestäuben der Form
40 g gemahlene Mandeln
80 g Butter und etwas mehr zum Fetten der Form
3 Eiweiß (Größe L)
1 TL Honig (nach Belieben)
1 Msp. Backpulver

1. Puderzucker und Mehl werden gesiebt und mit den Mandeln vermischt. Die Butter erhitze ich in einem kleinen Topf, bis sie sich hellbraun färbt. Die Eiweiße schlage ich mit dem Schneebesen oder den Quirlen des Handrührgeräts schön steif.

2. Die Mehlmischung rühre ich sorgfältig unter den Eischnee. Dann hebe ich die Butter darunter und eventuell etwas Honig. Nun muss der Teig 1 Tag lang im Kühlschrank ruhen.

3. Der Backofen wird auf 180 °C Ober-/Unterhitze vor (160 °C Umluft, Gas Stufe 3) vorgeheizt. Ich hebe das gesiebte Backpulver unter den Teig, buttre eine beschichtete Madeleine-Form und bestäube die Mulden mit etwas Mehl.

4. Der Teig wird mit einem Löffel und viel Gefühl eingefüllt. Denn ist zu viel Teig in den Mulden, läuft er beim Backen über. Es darf allerdings auch nicht zu wenig Teig sein, sonst bekommen meine Madeleines ihre typische Beule nicht. Nun müssen die Madeleines 15 bis 20 Minuten backen, bis sie perfekt aufgehen und ihre schöne braune Farbe bekommen.

5. Ich nehme sie aus dem Ofen und lasse sie im Blech leicht abkühlen, bevor ich sie noch warm aus der Form löse. Falls nötig, klopfe ich sie vom Formenrand ein wenig ab. Auf einem Kuchengitter lasse ich sie vor dem Servieren vollständig auskühlen. Voilà!

♥ *Achtung! Optimal werden meine Madeleines nur in einer beschichteten dunklen Backform. Formen aus Weißblech eignen sich nicht.*

Register

G

H/K

L

M

Meine Dankeschöns …

an ***Paul Bocuse,***
den ich vermisse und der mir die Welt
der Sterne-Gastronomie zugänglich gemacht hat

an ***Alfred Biolek,***
der mir die Angst vor den Medien genommen und die Freude
an den Fans gegeben hat

an ***Frédy Girardet,***
Joël Robuchon (den ich ebenfalls vermisse)
und ***Eckart Witzigmann,***
sie waren meine heimlichen Mentoren

an ***meine Mutter Marie-Antoinette,***
von der ich richtig schön zu salzen weiß

an ***meinen Vater Emile,***
von dem ich richtig schön zu leben weiß

an ***meinen Sohn Louis***
für sein Können und Wollen auf höchstem Niveau
und für meine neue Freiheit

an ***meine Schwiegertochter Njomza,***
die Louis mit großem Talent im Abenteuer „Sterne-Gastronomie"
begleitet und unterstützt

an ***alle Köche und Kellner,***
die mich in den fast 40 Jahren tatkräftig unterstützt haben

an ***alle Freunde und Gäste,***
die an mich glaubten und weiterhin glauben
und mich so lieben, wie ich bin

an ***den Bankdirektor,***
der mir 1980 zwei Millionen luxemburgische Franc geliehen
und gesagt hat: „Wenn Sie so gut kochen, wie Sie reden können,
muss ich mir um unser Geld keine Sorgen machen"

an ***das ZS-Team,***
das dieses schöne Buch mit viel Geduld
und Erfahrung ermöglicht hat.

V

Impressum

© 2019 ZS Verlag GmbH
Kaiserstraße 14 b
D-80801 München

ISBN 978-3-89883-873-3
2. Auflage 2019

Projektleitung: Ines Alms
Lektorat: Ulrike Kraus
Texte: Christian Löwendorf, Ulrike Kraus
Redaktionelle Mitarbeit: Karin Leonhart
Grafisches Konzept: Irene Schulz, Studio SÜD – Visuelle Kommunikation
Grafische Gestaltung: Irene Schulz
Satz: Aline Kettenberger, Irene Schulz
Porträtfotos: Jacques Schneider
(andere siehe Bildnachweis unten)
Foodfotos: Mathias Neubauer
Foodstyling: Manuel Weyer (Culinary Art)
Herstellung: Frank Jansen
Producing: Jan Russok
Druck und Bindung: aprinta druck GmbH

Kurze Wege schonen die Umwelt
Dieses Buch wurde in Deutschland gedruckt

Im Buch enthaltene Foodfotos können zur eigenen Nutzung
erworben werden unter www.stockfood.com

Die ZS Verlag GmbH ist ein Unternehmen
der Edel SE & Co. KGaA, Hamburg.
www.zsverlag.de | www.facebook.com/zsverlag

Bildnachweis

S. 9: privat; S. 58 oben: ddp/INTERTOPICS; S. 90 oben: @marc theis
Umschlag (Leinen): Unsplash/Annie Spratt

Herzlich Willkommen in Luxemburg

DAS RESTAURANT LÉA LINSTER CUISINIÈRE

Das berühmte Restaurant in Frisange wird von Louis Linster in fünfter Generation geführt – Léas Lammrücken in Kartoffelkruste steht nach wie vor auf der Speisekarte.

17, route de Luxembourg
L-5752 Frisange

Tel.: +352 23 66 84 11
Fax: +352 23 67 64 47

info@lealinster.lu
www.lealinster.lu

DIE BOUTIQUE LÉA LINSTER DELICATESSEN

Der Feinschmeckerladen mit Teehaus bietet eine große Auswahl an Gourmetprodukten: Madeleines, Gebäck, Weißweine, Léas eigene Crémants, Marmeladen sowie Geschenkideen, die alle Ihre Lieben begeistern werden.

4, rue de l'Eau
L-1449 Luxembourg

Tél.: +352 27 85 85 00
Fax: +3 52 27 85 85 01

delicatessen@lealinster.lu